HEYNE BÜCHER

HEYNE KOCHBÜCHER

HUBERT FORBERGER

Die glutenfreie Küche

200 internationale Koch- und Backrezepte für Zöliakie-Kranke

Originalausgabe

WILHELM HEYNE VERLAG
MÜNCHEN

HEYNE KOCHBUCH
07/4705

Umwelthinweis:
Dieses Buch wurde auf
chlor- und säurefreiem Papier gedruckt.

2. Auflage

Printed in Germany 1998
Umschlaggestaltung: Atelier Ingrid Schütz, München
Umschlagfoto: Ulla Mayer-Raichle, Kempten
Satz: Schaber Satz- und Datentechnik, Wels
Druck und Bindung: RMO-Druck, München

ISBN 3-453-12548-7

Inhalt

ABKÜRZUNGEN UND ERKLÄRUNGEN:

EL = Eßlöffel
TL = Teelöffel
l = Liter
g = Gramm
1 Tasse = $^1/_8$ l (normale Teetasse)

Die Mengenangaben stehen am Beginn des jeweiligen Kapitels – meist für 2–3 Personen.

Die Symbole bei den Rezepten stehen für:

 = glutenfrei

 = eifrei

 = lactosefrei (milchzuckerfrei)

 = zuckerfrei

> Trotz gewissenhafter Bearbeitung des Manuskripts und sorgfältiger Herstellung dieses Buches lassen sich Fehler nie mit letzter Sicherheit ausschließen. Nach geltender Rechtsprechung muß jede Haftung für Folgen, die sich daraus ergeben können, sowohl für den Verfasser als auch für den Verlag abgelehnt werden.

DANKSAGUNG

Ich danke Wilhelm Hammes für die freundliche Unterstützung bei der Vorbereitung zu diesem Buch,
Jerome W. Hatch, Chicago, Illinois, USA für Recherchen, Kontaktgespräche und Korrespondenz,
Dr. Wolfgang Kreischer und Anne von Törne,
Dr. Ada-Ida Cassau-Dinklage und Dr. Peter Stechel für Hinweise und Anregungen,
Sabine Schilling, Ernährungs- und Diätberaterin, für die vielen guten Ratschläge und
Dr. Harald Vogelsang vom A.K.H. in Wien für sein kompetentes Vorwort.

Zu diesem Buch

> *»So ist das Leben: Wenn sich eine Tür schließt, öffnet sich eine andere. Die Tragik liegt darin, daß wir nach der geschlossenen Tür blicken, nicht nach der offenen.«*
>
> ANDRÉ GIDE

Auf die glutenfreie Diät projiziert bedeuten André Gides Zeilen, daß der Abschied von den bisherigen Eßgewohnheiten und der Einstieg in die glutenfreie Diät optimistisch betrachtet werden sollten. Trauern Sie glutenhaltigen Lieblingsgerichten nicht nach, es warten ebenso schmackhafte glutenfreie auf Sie!

Die glutenfreie Küche ist mehr als nur eine Sammlung interessanter Rezepte. Dieses Buch soll Ihnen beim Einstieg in die glutenfreie Diät helfen. Im ersten Teil erfahren Sie vieles, was Sie schon immer etwas genauer wissen wollten, aber nie zu fragen wagten, wie beispielsweise über die häufig auftretenden Begleiterkrankungen, von denen keiner gerne spricht.

Wer jahrzehntelang mit Zöliakie/Sprue gelebt hat, kennt nicht nur die ernährungsbedingten Hürden, die für Außenstehende nur schwer nachvollziehbar sind. Nur wo die nötige Kenntnis über glutenhaltige Lebensmittel fehlt, scheint die rigorose Ernährungsumstellung problematisch. Es zeigt sich jedoch schnell, daß die glutenfreie Diät eine simple Sache ist, bei der fast alles gegessen werden darf. Nur muß es absolut glutenfrei sein!

Doch außer Haus und besonders auf Fernreisen ist glutenfreie Ernährung mit erheblichen Schwierigkeiten verbunden. Mitunter kostet es viel Zeit und Nerven, bis kapiert wird, daß nicht nur Weizenmehl, sondern alles, was Gluten enthält, gemieden werden muß.

Während meiner Auslandsaufenthalte nutzte ich die Gelegenheit, in fremde Kochtöpfe zu gucken. Selbst von Sprue betroffen, lenkte ich meine Neugierde natürlich speziell auf Glutenfreies. Schließlich wollte ich wissen, was beispielsweise in den USA, Japan, Mexiko, oder in vertrauten mediterranen Urlaubsregionen auf den Tisch kommt, wenn »glutenfrei« bestellt wird.
Wer kennt nicht den unverhohlenen Blick auf fremde Teller? Hand aufs Herz, es interessiert uns doch alle, wenn im Restaurant am Nachbartisch ein prächtig aussehendes und verlockend duftendes Menü serviert wird. Erst recht, wenn es sich um ein glutenfreies handelt. Geben wir unserer Neugier also ruhig nach und schauen, was »Zöliakos« rund um die Welt so alles essen.
Ärgern Sie sich auch manchmal über Diätrezepte für 6–10 und noch mehr Personen? In vielen Spezialkochbüchern sind die Rezepte in derart besorgniserregenden Mengen angesetzt, als ob schwere Epidemien bevorstünden. Zudem wird ernsthaft empfohlen, auch alle übrigen Familienmitglieder glutenfrei zu ernähren. Wie jeder Betroffene weiß, ist rationelles Kochen in der glutenfreien Küche gefragt, denn glutenfreie Lebensmittel kosten ein Vielfaches der »normalen«. Der Wunsch nach angemessenen Rezepten wird in diesem Buch erfüllt. Mit Ausnahme der Kuchen- und Brotrezepte, sind die Mengen überwiegend für rund 2 Personen angegeben. Die Bitte nach glutenfreiem Essen wird oft aus Unkenntnis der Diät mit abenteuerlichen Ausreden abgelehnt. Frei nach dem Motto: was man nicht kennt, gibt es nicht. Dieses Buch möchte aufklären und frischen Wind in die glutenfreie Küche bringen.

Berlin, im März 1997 *Hubert Forberger*

MEDIZINISCHER TEIL

Vorwort

Die Diagnose Zöliakie bedeutet für den Betroffenen nach jahrelanger Ungewißheit oft die Erlösung, da seine verschiedensten Beschwerden bislang fehlgedeutet wurden und er auf Grund dieser ungeklärten Symptomatik schließlich gelegentlich sogar zum Psychiater geschickt wurde. Insbesondere die Erwachsenen haben teilweise eine bis zu 30jährige Leidensgeschichte hinter sich, da Zöliakie noch den meisten Ärzten als typische Kindererkrankung gilt und für sie beim Erwachsenen nicht in Betracht kommt. Tatsächlich ist aber schon seit über 10 Jahren bekannt, daß die Zöliakie im Erwachsenenalter mindestens ebenso oft erst symptomatisch wird wie im Kindesalter, hier jedoch ganz verschiedene Beschwerden verursachen kann, die nicht mit der typischen Darstellung im Lehrbuch der Medizin übereinstimmen. Im Gegensatz dazu, wo noch immer das abgemagerte Kind mit aufgeblähtem Bauch – ähnlich den Bildern aus Entwicklungsländern – den Ärzten vor Augen steht, weisen Zöliakie-Betroffene im Erwachsenenalter oft nur minimale Bauchbeschwerden mit Blähungen, gelegentlichen Durchfällen und verminderter Gewichtszunahme auf.
Es können aber ganz andere Beschwerdebilder im Vordergrund stehen. Zum Beispiel wird insbesondere der über Jahre anhaltende Eisenmangel bei Frauen oft fehlgedeutet. Dieser führt zu Konzentrationsstörungen, Kopfschmerzen und verminderter Leistungsfähigkeit. Manch einem Betroffenen wurde seine Erkrankung erst nach mehreren Knochenbrüchen infolge von Osteoporose diagnostiziert, bei anderen stehen eine erhöhte Infektanfälligkeit, vermehrtes Fehlgeburtenrisiko, Zahnschmelzdefekte, depressive Verstimmung oder auch Epilepsie im Vordergrund. Beim Erwachsenen gibt es oft paradoxe Bilder, wobei die Patienten primär unter Verstopfung und Übergewicht leiden können.

Fast 120 Jahre nach der Erstbeschreibung der Zöliakie gibt es heute moderne Blut- und Harntests, mit deren Hilfe gute Voraussagen über das Risiko einer eventuell bestehenden Zöliakie gemacht werden können (endomysiale Antikörper, Antigliadin-Antikörper, Permeabilitätstest). Sollte begründeter Verdacht bestehen, muß eine Dünndarmbiopsie durchgeführt werden, da nur durch diese eine gesicherte Diagnose gestellt und die typische flache Dünndarmschleimhaut gefunden werden kann.
Nachdem es sich bei der glutenfreien Ernährung um eine lebenslang einzuhaltende Diät handelt, ist eine Diagnosesicherung vor Beginn der Diät unerläßlich, da die Diagnosestellung danach wesentlich erschwert wird.

Sollte bei Ihnen die Diagnose einer Zöliakie gestellt worden sein, haben Sie bei all den Möglichkeiten, die als Ursache für Ihre Beschwerden in Frage kommen, eigentlich Glück gehabt: Sie leiden (nur so lange Sie keine Diät einhalten) unter einer Veranlagung, die Sie nur mit einer glutenfreien Diät in den Griff bekommen können. Eine völlige Heilung ist auch beim heutigen Stand der Medizin nicht möglich. Bei der Zöliakie handelt es sich um eine genetische Erkrankung, die in Mitteleuropa bei ca. einem von 250 Einwohnern auftritt und somit eine der häufigsten chronischen Magen-Darm-Erkrankungen darstellt. Der Ausdruck »Erkrankung« ist eigentlich für die Zöliakie gar nicht gerechtfertigt, da es sich eher um eine Veranlagung handelt, nämlich auf die Zufuhr von Gluten nach verschiedenen Immunreaktionen mit einer Abflachung der Darmzotten zu reagieren. Aber die Zöliakie ist sicher nicht nur auf den Dünndarm beschränkt – ähnliche Reaktionen spielen sich auch im Magen, im Dickdarm, in der Leber und womöglich in den Knochen ab.

Werden sämtliche Mehle, die Gluten oder verwandte Getreideeiweiße enthalten, nämlich Weizen, Gerste, Roggen, Hafer, Grünkern sowie Dinkelmehl und ihre Produkte gemieden, ist der Betroffene im Kindesalter meist schon nach einer Woche völlig beschwerdefrei; im Erwachsenenalter kann es bis zur Beschwerdefreiheit zwischen einigen Wochen und bis zu zwei Jahren dauern. Wichtig ist hier natürlich ein konsequentes Einhalten der glutenfreien Diät, da es sich um eine Überempfindlichkeitsreaktion auf die Zufuhr von auch nur kleinsten Mengen Gluten handelt. Werden des öfteren kleine Diätfehler begangen, wird der Aufbau, vor allem der Dünndarmschleimhaut, jeweils um Wochen zurückgeworfen, und die starke Immunreaktion (insbesondere der Lymphozyten) im Dünndarm wird fortgesetzt. Diese Reaktionen können auch ohne signifikante Beschwerden weiter im Körper ablaufen, was bedeutet, daß die Verträglichkeit des Glutens nicht an den nach der Zufuhr von glutenhaltigen Speisen auftretenden Beschwerden gemessen werden kann. Hierzu werden die genannten Labortests und gegebenenfalls Kontrollbiopsien benötigt. Wichtig für das Einhalten einer glutenfreien Diät ist natürlich eine genaue Aufklärung über die verschiedenen Vorschriften und Fallstricke bei dieser Ernährungsform, üblicherweise eher durch eine geschulte Diätassistentin, die sich meist länger dafür Zeit nimmt als der behandelnde Arzt.

Daneben sind regelmäßige Informationen durch die jeweilige Patientenvereinigung (jedes mitteleuropäische Land besitzt eine eigene Arbeitsgemeinschaft für Zöliakie) nötig. Hier erhält der Betroffene die neuesten Informationen – insbesondere von industrieller Seite – bezüglich neuer glutenfreier Produkte oder zu Lebensmitteln, die nun nicht mehr glutenfrei sind. Überdies trägt die Mitgliedschaft bei einer solchen Interessengruppe dazu bei, daß die Zöliakie-Betroffenen wesentlich mehr Beachtung finden und somit eine Lobby bilden, die durchaus imstande ist, beispielsweise bessere Deklarationsvorschriften und ähnliches durchzusetzen.

Sie sollten in Ihrer näheren Umgebung auch auskundschaften, ob nicht einige Verwandte an zumindest leichten oder ähnlichen Beschwerden – wie oben geschildert – leiden oder auch nur besonders mager sind. Etwa 10 % der erstgradigen Verwandten von Zöliakie-Betroffenen leiden ebenfalls an dieser Erkrankung. Eine Frühdiagnose ist wesentlich, da es sicher nicht wünschenswert ist, daß Ihren Verwandten ein ähnlicher Leidensweg bevorsteht wie Ihnen. Außerdem kann durch eine Diagnose im Kindesalter ein eventueller Kleinwuchs vermieden werden.

Nach der ersten Schrecksekunde und der anschließenden Erleichterung über eine Veranlagung, die durch strikte Diät vollständig geheilt werden kann und offenbar nicht einmal so selten ist, macht sich bei vielen die Unzufriedenheit, mit einer lebenslangen, streng glutenfreien Diät leben zu müssen, breit. Außerdem erscheint vielen, insbesondere den ins volle Berufsleben involvierten, mobilen, aber auch älteren Menschen ein strenges Einhalten einer solchen Diät sehr aufwendig, wenn nicht gar unmöglich. Auf einmal muß auf allen Lebensmitteln auch das Kleingedruckte gelesen werden, um zu erkennen, ob Gluten auf Grund seiner Klebeeigenschaft nicht diesem oder jenem Lebensmittel zugesetzt worden ist, da es eine so gute Bindungsfähigkeit hat. Manch einer nimmt frustriert zur Kenntnis, daß Gluten vielen Lebensmitteln unnötig zugemischt wurde – in Unkenntnis der Lage der Zöliakie-Betroffenen.
Muß die Diät nun wirklich so genau eingehalten werden, wo man doch schon nach kurzer Zeit relativ beschwerdefrei war? Ja, sie muß! Denn obwohl meist nach kurzer Zeit nichts mehr verspürt wird, das einen an die früheren Beschwerden erinnert, können sich nach Jahren unvollständiger Diät verschiedene Gesundheitsrisiken einstellen: einerseits besteht ein großes Risiko für verschiedene Defizite an Vitaminen, Mineralien und Spurenelementen, die oft primär die vorhin erwähnte Osteoporose hervorrufen. Diese Osteoporose kann zu Knochenbrüchen an der Wirbelsäule führen, die dann durch eine entsprechende Therapie nicht mehr behoben werden

können. Andererseits – und dieser Grund ist sicher lebenswichtig – zeigte sich in mehreren großen Studien, daß Zöliakie-Betroffene, die die glutenfreie Diät nicht genau oder gar nicht einhalten, ein fast 20fach erhöhtes Lymphomrisiko aufweisen – das heißt die Gefahr, an einem Lymphdrüsenkrebs, insbesondere im Bereich des Dünndarms, zu erkranken. Die Früherkennung dieser Krebsart gestaltet sich äußerst schwierig, und leider sind die Heilungschancen sehr gering. Man nimmt an, daß verstärkte Immunreaktionen bei fortschreitenden Diätfehlern ihren Ausbruch begünstigen. Deshalb lautet die Devise in diesem Fall nicht Früherkennung, sondern Vorsorge und Vermeidung durch eine streng glutenfreie Diät. Bei konsequenter Einhaltung dieser Diät besteht kein derartiges Risiko mehr.

Trotz allem gibt es Untersuchungen, daß etwa ein Drittel der Betroffenen nach einigen Jahren keine Diät mehr einhält, da es unnötig bzw. zu aufwendig erscheint. Wichtig ist hierbei sicher einerseits eine Aufklärung der Ärzte und andererseits natürlich der Betroffenen durch aufgeklärte Ärzte. Oft scheint die Diät sehr einseitig, doch auch hier ist das oberste Gebot, einfach vermehrt Informationen einzuholen.
Dieses Kochbuch liefert Ihnen eine Fülle von Informationen für eine abwechslungsreiche Diät. Es wurde von einem Autor geschrieben, der aus seiner jahrelangen Erfahrung als Koch und Konditor, Weltreisender und Zöliakie-Betroffener Ideen, Möglichkeiten und Anregungen für Sie zusammengefaßt hat. Allein beim Lesen der verschiedenen darin enthaltenen Lekkereien läuft auch jedem Nicht-Zöliakie-Betroffenen das Wasser im Mund zusammen. Vielleicht können Sie auch Ihre Familie und Freunde mit diesen Köstlichkeiten verwöhnen und mit einem leckeren glutenfreien Menü einen individuellen Kontrapunkt zu meist favorisierten Glutenmahlzeiten setzen? Glutenfrei muß nicht geschmacklos und trocken bedeuten, sondern kann weitaus besser schmecken als eine Durchschnittsmahlzeit in einem Restaurant. Wichtig ist vor allem, etwas mehr

Selbstbewußtsein an den Tag zu legen und sich nicht selbst als Kranker ins Abseits zu stellen. Sie sind von einer speziellen Veranlagung betroffen, die eine entsprechende Diät erfordert, die, wie aus diesem Kochbuch ersichtlich wird, auch sehr abwechslungsreich sein kann.

Sollten Sie unter einer streng glutenfreien Diät nach ein bis zwei Jahren nicht völlig beschwerdefrei sein, sind weitere Untersuchungen anzuraten. Es kann natürlich nicht ausgeschlossen werden, daß Sie zusätzlich zur Veranlagung der Zöliakie auch einen Enzymmangel – einen sogenannten Lactasemangel – mit einer Milchzuckerunverträglichkeit (Lactoseintoleranz) aufweisen. Dieser kann heutzutage mit einem Atemtest einfach nachgewiesen werden, wobei eine entsprechende lactosearme Diät meist Besserung im Sinne einer Minderung der Blähungen bringt. Gelegentlich tritt auch ein vermehrter bakterieller Überwuchs im Dünndarm auf, der sich ebenfalls mit einem Atemtest (H2-Test) diagnostizieren läßt. Sonst können natürlich die verschiedensten Erkrankungen – wie auch bei jedem gesunden Menschen der Fall – zusätzlich auftreten und eine völlige Beschwerdefreiheit verhindern. An all jene Ursachen ist jedoch erst zu denken, wenn Sie vorher wirklich eine glutenfreie Diät ohne jede Entgleisung eingehalten haben. In ganz seltenen Fällen, insbesondere wenn Sie bei der Erstdiagnose schon zu den älteren Menschen gehörten, kann es länger dauern, bis die Symptome verschwinden oder es kann gelegentlich zusätzlich eine medikamentöse Therapie erforderlich sein.

Alle die in den vorangegangenen Kapiteln geschilderten Regeln gelten nicht nur für die Zöliakie, sondern auch für die *Dermatitis herpetiformis Duhring,* bei der es zu juckenden bläschenförmigen Ausschlägen, insbesondere an den Ellenbogen, den Knien und der Gesäßgegend kommt. Obwohl von den meisten Hautärzten nicht wirklich erkannt, weisen fast alle Dermatitis-herpetiformis-Patienten eine ebensolche Glutenunverträglichkeit mit ähnlichen Veränderungen am Dünndarm auf wie bei Zöliakie. Auch hier besteht bei Nichteinhalten einer glutenfreien Diät ein deutlich erhöhtes Lymphomrisiko. Bei diesen Patienten ist die Glutenempfindlichkeit meist sogar noch größer als bei der Zöliakie. Hier muß über zwei bis fünf Jahre eine strikt glutenfreie Diät ohne jegliche Diätfehler eingehalten werden, bis die deshalb verordneten Medikamente reduziert oder ganz abgesetzt werden können. Wie bereits gesagt, geht es bei der *Dermatitis herpetiformis* nicht nur um das Schwinden der Hauterscheinungen, sondern auch um die Vermeidung eines eventuellen Lymphoms. Dies dürfte den meisten Dermatologen nicht bekannt sein, die eher der medikamentösen Therapie der Hauterscheinungen zugeneigt sind, obwohl diese das Grundübel nicht beseitigt und nie zu einer Heilung führen kann.

Zukunftsvisionen

In einigen Jahren ist auf Grund der enormen Fortschritte, insbesondere auf dem Gebiet der Molekulargenetik, zu erwarten, daß das defekte oder veränderte Gen, welches für die Entstehung einer Zöliakie verantwortlich ist, eindeutig festgestellt und somit schon vor Auftreten der Beschwerden vorausgesagt werden kann, bei welchem Familienmitglied das Risiko einer Zöliakie besteht und bei welchem nicht. Damit könnten viele Folgeerkrankungen vermieden werden.
Auch wenn der Begriff »Gentechnologie« für viele einen negativen Beigeschmack hat, bleibt doch zu hoffen, daß als positive Entwicklung vielleicht einmal gentechnisch veränderte Getreidesorten gezüchtet werden, deren Eiweißbestandteile so verändert sind, daß sie auch von Zöliakie-Betroffenen ohne Schaden genossen werden können.

Andererseits müssen Labormethoden entwickelt werden, um Gluten in Lebensmitteln noch empfindlicher nachweisen zu können, um eine wirklich glutenfreie Diät für die Betroffenen zu ermöglichen. Die Entwicklung solcher Labormethoden liegt natürlich nicht im Interesse der Getreideindustrie, weshalb auch hier die Organisation und das Engagement der Arbeitsgemeinschaften gefragt sind.

Nach all den trockenen medizinischen Fakten möchte ich Ihnen nun gutes Gelingen und ebensolchen Appetit auf alle in diesem Buch beschriebenen Delikatessen wünschen.

Univ. Doz. Dipl. Ing. Dr. Harald Vogelsang
Leiter der Zöliakie-Ambulanz am AKH Wien

Was Sie über Zöliakie wissen sollten

Das Wort »koilia« stammt aus dem Griechischen und bedeutet soviel wie Bauch. Bereits in der Antike war eine Krankheit namens »koiliaka« bekannt. Diese Bezeichnung stand mehr oder minder für Bauchschmerzen mit unklaren Ursachen.

Im 2. Jahrhundert n. Chr. schrieb der römische Mediziner Aretaeus v. Kappadokien etwas ausführlicher über eine Krankheit, die verblüffende Parallelen zu heutigen Beschreibungen der Zöliakie zeigt. Das Rätsel über die Ursache der Krankheit blieb damals ungelöst. Zweifellos dienten die römischen Schilderungen dem englischen Arzt Samuel Gee als Fundament für seine im Jahre 1888 verfaßten Berichte, in denen er die Krankheit erstmals »The Coeliac Affection« nannte.

Daraus entstand die englische Bezeichnung »coeliac disease«, die sich international durchgesetzt hat.

Im deutschen Sprachraum sind die Bezeichnungen Zöliakie oder Sprue üblich. Die verwirrenden Namen wie »idiopathische Stearrhoe«, »einheimische Sprue«, »gliadin- oder gluteninduzierte Enteropathie« oder »Gee-Heubner-Hertersche-Erkrankung« sind erfreulicherweise seltener geworden.

In den Jahren 1900 bis 1930 wurden unzählige Therapien und Diäten erprobt. Unter strikt vorgeschriebenen Ernährungsweisen, wie beispielsweise der »Bananen-Diät«, »Frauenmilch-Diät« oder »Früchte-Gemüse-Diät« konnte zwar eine heilende Wirkung nachgewiesen werden. Anhaltende Beschwerdefreiheit wurde dadurch jedoch nie erreicht, und die Ursache der Krankheit blieb weiterhin im dunkeln.

Erst im Jahre 1950 entdeckte der holländische Kinderarzt W. K. Dicke, daß bei zöliakiekranken Kindern die Symptome durch den Eiweißbestandteil des Getreideklebers *Gluten* ausgelöst werden. Folglich führten Dickes Erkenntnisse auch bei der Suche nach den Krankheitsursachen beim Erwachsenen auf die richtige Spur. Für die *Zöliakie* des Erwachsenen wird im deutschen Sprachraum häufig die Bezeichnung *Sprue,* das vom holländischen Wort für Mundfäule – *Sprouw* – abgeleitet wurde, verwendet.

Es darf nicht vergessen werden: *Sprue* kann jede Altersstufe betreffen! Kinder reagieren wesentlich anders auf die krankheitsauslösenden Faktoren als Erwachsene. Die Diagnostik, das klinische Erscheinungsbild, der Krankheitsverlauf, die Komplikationen und die Begleiterkrankungen sind so unterschiedlich, daß eine trennende Bezeichnung der Krankheit deshalb durchaus gerechtfertigt ist. Noch vor wenigen Jahrzehnten glaubte man, die *Zöliakie* des Kindes und die *Sprue* des Erwachsenen wären zwei völlig unterschiedliche Krankheiten, die überhaupt nichts miteinander zu tun hätten. Eine irrige Annahme, denn bei beiden Altersgruppen sind die Symptome identisch, und sie haben einen gemeinsamen Krankheitsauslöser: Gluten!

Wie entsteht die Krankheit?

Die Getreidesorten **Dinkel, Hafer, Gerste, Grünkorn, Roggen** und **Weizen** enthalten Klebereiweiß, das Gluten oder auch Gliadin genannt wird. Gluten verursacht bei entsprechend disponierten Menschen eine Schädigung der Dünndarmzotten.
Durch Gluten werden die Darmzotten abgeflacht, und sie verlieren die Fähigkeit, Verdauungsenzyme zu bilden. Nährstoffe, Mineralstoffe und Vitamine können dadurch nur sehr mangelhaft oder überhaupt nicht aufgespalten werden. Im Dünndarm erfüllen unzählige kleine Zotten, die glattgestrichen ungefähr die Größe eines Fußballfeldes ergeben würden, wichtige Funktionen für die Verdauung. Bei verkannter oder länger bestehender Krankheit sind die Zotten der Darmschleimhaut so sehr geschädigt, daß praktisch keine Verdauung mehr stattfinden kann. Dadurch wird der Nahrungsbrei beschleunigt durch den Darm befördert, unzureichend ausgewertet und durchfallartig ausgeschieden.

Gluten ist für Zöliakiekranke wie Gift!

Die Medizin spricht bei Abflachung und Verlust der Dünndarmzotten durch Klebereiweiß von einem »toxischen Gluteneffekt«. Die Krankheit macht sich durch eine total entgleiste Verdauung, die mit Blähungen, Durchfällen, Übelkeit und Erbrechen einhergeht, bemerkbar. Blässe, unreine Haut, Müdigkeit, Konzentrationsverlust, Knochen- und Gelenkschmerzen sowie Depressionen ergänzen das Krankheitsbild. Wird die Krankheit bei Kindern nicht rechtzeitig diagnostiziert und keine glutenfreie Kost angesetzt, zeigen sich häufig Wachstums- und Entwicklungsstörungen. Unter strikt glutenfreier

Ernährung regenerieren sich die geschädigten Dünndarmzotten beim Heranwachsenden jedoch meist vollständig.
Bei Sprue-Patienten, deren Krankheit jahrelang unerkannt blieb, liegt fast immer eine schwere Schädigung des Dünndarms vor. Bei schweren Verlaufsformen sind die Darmzotten förmlich wie »wegrasiert«, eine Regeneration ist daher ausgeschlossen und die Verdauung bleibt lebenslang gestört.
Chronische Begleiterkrankungen sind beim Erwachsenen häufig auch auf verdauungsbedingte Mangelzustände zurückzuführen.

Zöliakie international

Wie sehr Zöliakie und Sprue mit der Ernährung verknüpft sind, zeigt sich daran, daß in Ländern, in denen Reis, Mais oder Hirse zu den Grundnahrungsmitteln zählen, eine derartige Erkrankung so gut wie unbekannt ist. In China und Japan, in Zentralafrika und in manchen orientalischen Ländern wurde die Krankheit nur in seltenen Fällen beobachtet. Hingegen erkranken die Einwohner hochzivilisierter Länder, in denen täglich glutenhaltige Nahrungsmittel auf dem Speiseplan stehen, bevorzugt an Zöliakie/Sprue.

Statistiken zufolge wurden die meisten Zöliakiefälle in Schweden registriert. Dort kommt auf 300 Einwohner ein Zöliakiekranker. Im deutschsprachigen Raum wird die Häufigkeit der Erkrankung – bei allerdings älteren Untersuchungen – mit 1 bis 2 auf 1000 Einwohner angegeben. Schätzungsweise sind allein in Deutschland rund 80 000 Menschen an Zöliakie/Sprue erkrankt.

Die Dunkelziffer liegt aufgrund immer noch mangelhafter Diagnostik wahrscheinlich weitaus höher. Global liegt die Zahl der Zöliakiekranken vermutlich weit über Millionenhöhe.

Die Zöliakie des Kindes

Glutenintoleranz ist für keinen Arzt auf Anhieb erkennbar. Es bedarf großer Geduld, bis die Diagnose Zöliakie gestellt werden kann. Bei Kleinkindern wird die Ursache der Symptome verhältnismäßig rasch erkannt, weil Eltern naturgemäß besonders auf die Verdauung ihrer Kleinen achten. Der Darm des Kindes rebelliert bereits im Säuglingsalter, wenn glutenhaltige Breie zugefüttert werden. Dadurch ist eine treffende Diagnose viel eher möglich als beim Erwachsenen. Wird glutenhaltige Nahrung weggelassen, stabilisiert sich das Krankheitsbild bei den kleinen Patienten wesentlich schneller als bei älteren.
Zöliakie ist keine Allergie, sondern eine **lebenslängliche Unverträglichkeit des Klebereiweißes Gluten.** Fälschlicherweise werden Zöliakiekranke manchmal als »Gluten-Allergiker« bezeichnet.

Lactose-Intoleranz, eine Unverträglichkeit gegen Milchzukker ist eine häufige Zöliakie-Begleiterscheinung. In der Ernährung von Kleinkindern ist deshalb besondere Vorsicht geboten. Lactose-Intoleranz darf nicht mit Milcheiweiß-Allergie verwechselt werden. Im Zweifelsfall bringt ein Allergie-Text Klarheit. Junge Zöliakiepatienten, die frühzeitig an glutenfreie Nahrung gewöhnt wurden und nur glutenfreies Essen kennen, haben in ihrem späteren Leben kaum Schwierigkeiten mit der Diät. Wenn keine Komplikationen auftreten, ist lediglich auf glutenfreie Ernährung zu achten, die auch nach dem Abklingen der Beschwerden lebenslang eingehalten werden muß!

Die Zöliakie des Erwachsenen

Die Symptome bei Erwachsenen und vor allem bei älteren Menschen sind weitaus schwieriger einzuordnen als bei Kindern.
Sprue ist ein Leiden mit vielen Gesichtern, das sämtliche Krankheiten der inneren Organe imitieren kann. Fast jeder Sprue-Patient hat in puncto Diagnosefindung eine wahre Odyssee hinter sich.
Die Krankheit macht sich in mittleren Lebensjahren schleichend bemerkbar. Kräftezehrende Durchfälle, für die es zunächst keine Erklärung gibt, werden von permanenten Schmerzen im oberen Bauchraum begleitet.
Mit Darmspiegelungen, die nur den Dickdarm erfassen, rückt man der Diagnose Sprue nicht näher, denn die Schmerzursache liegt im Dünndarm. Erfahrungsberichten zufolge ist dies die schlimmste Phase, denn aufgrund der diffusen Beschwerden werden oft falsche Diagnosen gestellt. Die Symptome werden häufig dem Magen, der Galle oder der Bauchspeicheldrüse zugeordnet. Auch die besten Arzneien bringen dem Spruekranken keine Besserung, sondern eher eine dramatische Verschlechterung. Durch Medikamente bzw. Diäten, die häufig Gluten und Lactose enthalten, gerät der Patient in einen Teufelskreis!
Am Ende erfolgloser Therapien stand oft die verhängnisvolle Universal-Diagnose: *Psychosomatische Symptomatik!*
Der sicherste Weg zu einer unverwechselbaren Diagnose ist die **Dünndarm-Biopsie.** Eine etwas unangenehme, aber völlig harmlose Untersuchung, bei der aus dem oberen Dünndarm Gewebe entnommen wird, das histologisch untersucht

den eindeutigen Beweis einer Zöliakie/Sprue liefert. Eine weitere Untersuchungsmöglichkeit ist die Gliadin-Antikörper-Bestimmung im Blut, die sich bei Kindern sehr bewährt hat. Beim Erwachsenen bringt diese Methode jedoch keine gesicherten Werte.

Sprue im Alter

Ältere Menschen quälen sich mit der verkannten Krankheit oft jahrelang durchs Leben. Manchmal werden aus Unkenntnis ungeeignete Diät und glutenhaltige Pillen kombiniert, wodurch keine heilende Wirkung erreicht werden kann.
Diese fatale Situation wird durch unerfahrene Ärzte, die meinen, ein älterer Mensch könne, nicht an der »Kinderkrankheit« Zöliakie erkranken, erheblich erschwert.
Erst nachdem die Beschwerden sorgfältigst analysiert und die zur Diagnose Sprue führenden Spezialuntersuchungen eingeleitet wurden, kann der ausgemergelte Patient aufatmen.
Für viele Senioren, die an sogenannter »Alters-Sprue« leiden, wurde die glutenfreie Diät zur lebensrettenden Therapie!
Bleibt die Krankheit unerkannt, sind irreversible Schäden im Dünndarm die Folge, die schlimmstenfalls in Dünndarmkrebs ausarten können.
In akuten Phasen löst Milch heftige Beschwerden aus, denn die geschädigten Zotten des Dünndarms verlieren die Fähigkeit, das Enzym »Lactase« zu bilden, welches für die Verdauung von Milchzucker, der »Lactose« erforderlich ist. Deshalb muß die Diät bis zum Abklingen der Beschwerden gluten- und lactosefrei bleiben!
Im Erwachsenenalter kann die Fähigkeit, Milchzucker zu spalten, auch beim sonst Gesunden, aber für Lactasemangel veranlagten abnehmen. Manche Menschen vertragen überhaupt keine Milch, ohne ernsthaft krank zu werden. In Asien und in subtropischen Ländern ist Lactasemangel weit verbreitet.

Sprue und mögliche Begleiterkrankungen

Candida albicans

gehört zur Gruppe der Pilze. Normalerweise lösen Pilze und Bakterien beim gesunden Menschen keine Erkrankung aus. Ob sich Krankheiten entwickeln können, hängt von der Menge und der Vermehrung von Pilzen und Bakterien ab. Darmbakterien sind für die Verdauung wichtig, aber sie haben auch eine Schutzfunktion, die verhindert, daß sich zum Beispiel Pilze vermehrt entfalten können. Die krankhafte Vermehrung wird als »Mykose« bezeichnet.

Längere Antibiotikabehandlungen vernichten auch die gesundheitsfördernden Bakterien im Darm. Der Schutzmechanismus geht verloren, und die Darmpilze können sich ungehemmt ausbreiten. Auch ein geschwächtes Immunsystem bietet *Candida albicans* günstige Entfaltungsmöglichkeiten!

Die sogenannten Nutzhefen die wir als Bäcker, Bier- und Weinhefe oder als Hefe in Brotaufstrichen, Brühen, Hefeflocken und in Arzneien zur Nahrungsergänzung kennen, sind aufgeschlossene Hefen, die sich nicht mehr vermehren. Sie sind nicht gesundheitsschädigend, da sie sich nicht an der Darmschleimhaut anheften.

Gelegentlich krankmachende Hefen sind *Candida albicans, Candida parapsilosis, Candida tropicalis* oder *Candida krusei.*

Candida albicans ist in der Natur und in Nahrungsmitteln allgegenwärtig – auch im menschlichen Dickdarm. Erst ab sehr hohen Konzentrationen kann dieser Hefepilz krank machen.

Candida albicans befällt bevorzugt die Schleimhäute des Körpers und findet dort ideale Nistplätze. Besonders im Darm vermehren sich die pathogenen Hefepilze in rasantem Tempo, wo sie zur hartnäckigen Plage werden.

Candida albicans kann nicht nur das Gleichgewicht der Darmflora stören. Seltener sind mehrere Körperregionen, Gewebe und innere Organe befallen. Die vielseitigen Krankheitssymptome müssen durch antimykotische Medikamente in Verbindung mit konsequenter Diät bekämpft werden.
Candida albicans befällt nicht nur den Verdauungstrakt – auch im weiblichen Intimbereich oder in der Mundhöhle finden Pilze und Bakterien ein optimales, weil feuchtwarmes Milieu und somit beste Voraussetzungen zur Vermehrung.
Neben der **Darmsanierung** sind die **Mund- und Zahnhygiene** sowie die Pflege von Zähnen, Zahnkronen und -prothesen besonders wichtig!
Erschreckend häufig klagen Betroffene, daß sie den Pilz trotz strenger Diät und bester Medikamente nicht loswerden!
Wen wundert's? Denn dazu müssen zuerst die oralen »Nistplätze« bekämpft werden.
Die Zahnbürste ist eine ideale Brutstätte für Pilze und Bakterien. Sie gehört nach jedem Zähneputzen in eine antibakterielle Lösung, die **Zahnprothese** ist mehrmals täglich gründlich zu reinigen, denn nur so ist die ständige Selbstansteckung zu verhindern!

Wie erkenne ich Candida albicans?

Hierzu sind Untersuchungen in einem mikrobiologischen Institut erforderlich. Mit normalen Laboruntersuchungen kann Candida albicans nicht festgestellt werden.

Bei Candida albicans sollten Sie folgende Lebensmittel meiden:

Weißmehl, Zucker, Schokolade, süße Getränke, rohes und süßes Obst, zuviel Wurst und Fleisch, Hülsenfrüchte und vor allem Alkohol.

Günstig für die Entwicklung von Candida sind:

längerer Gebrauch von Medikamenten wie z. B. Antibiotika, Cortison, Hormonpräparate oder Zytostatika.

Die Anti-Pilz-Diät sollte viel Gemüse, glutenfreie Vollkornnahrung und Sauermilchprodukte enthalten, und sie kann – nach Verträglichkeit – durch Joghurt-Ferment-Kapseln, Teebaumöl, Molkosan, Blütenpollen, Vitamine A, Beta-Carotin, C, E sowie Zink, Selen und Magnesium unterstützt werden. Die altbewährten Hausmittel wie Knoblauch, Bärlauch und Zwiebel werden bei chronisch entzündlicher Darmerkrankung oder bei akuter *Spure,* die mit *Candida albicans* verknüpft ist, meist nicht vertragen.
Bei einer Pilzerkrankung des Darms sind Zucker und Süßigkeiten verboten. Der gänzliche Verzicht auf Süßigkeiten wird erfahrungsgemäß nie so recht durchgehalten, denn paradoxerweise haben gerade Candida-Betroffene oft Heißhunger auf Süßes. Die Verwendung von künstlicher Süße anstelle von Zucker kann besonders bei Sprue heftige Beschwerden auslösen!
Bei chronisch entzündlichen Darmerkrankungen und Lactoseintoleranz sind künstliche Süßungsmittel nicht empfehlenswert, denn die meisten enthalten konzentrierte Lactose, wodurch sie eine abführende Wirkung haben.
Bei Pilzverdacht im Darm, und auf die Fragen, welche Nahrungsmittel sich dabei nachteilig auswirken, kann ein **Ernährungsprotokoll** sehr hilfreich sein!
Sprue-Patienten, die an Darmpilzen leiden, sollten täglich und über mehrere Wochen alles, was Sie essen und trinken, auch Medikamente, in ein Tagebuch schreiben. Ohne Zweifel werden die Verursacher der Beschwerden bald zu erkennen sein. Erst dann sollte eine Anti-Pilz-Diät, die mit Medikamenten kombiniert werden muß, konkretisiert werden.

Bei anhaltenden **Fettverdauungsstörungen** dürfen ausschließlich die sogenannten MCT-Diät-Margarinen und MCT-Diät-Speiseöle in der Küche verwendet werden. Sie sind nur im Reformhaus erhältlich.

Divertikulitis

nennt man das entzündliche Stadium kleiner Ausstülpungen, sogenannter Divertikel, die sich im Dünn-, vorwiegend aber im Dickdarm bilden. Divertikel sind erbsen- bis nußgroße Veränderungen an Darmwand und Darmschleimhaut.
Fast jeder zweite Mensch über vierzig entwickelt Divertikel, aber damit kaum ernste Beschwerden.
Vermutlich sind Gewebsschwäche und genetische Veranlagung der Grund für Divertikelbildung, die genaue Ursache ist jedoch unklar.
Aufgrund der Häufigkeit von Divertikeln ist vor allem bei älteren Menschen die **Kombination von Sprue und Divertikulitis** nicht selten. Die typischen Divertikel-Symptome werden oft irrtümlich der Sprue zugeordnet.
Ein Divertikel ist mit dem kleinen Wurmfortsatz, dem Appendix am Blinddarm vergleichbar. Entzündete Divertikel bringen erhebliche Beschwerden mit sich. Eine auf dem Höhepunkt befindliche Divertikulitis wird gelegentlich mit akuter Blinddarmentzündung verwechselt!
Divertikel bilden sich im Darm an mehreren Stellen und entzünden sich mitunter zeitgleich. Solche qualvollen Perioden können mehrere Wochen andauern. Bei Blutungen und Verdacht auf lebensbedrohende Durchbrüche ist eine stationäre Behandlung erforderlich. In schweren Fällen ist eine Operation unumgänglich.
Die wirksamste Prophylaxe gegen Divertikulitis ist faserreiche und verdauungsfördernde Kost!

Unbedingt zu vermeiden sind dabei jedoch:

kleine Samenkörnchen, wie sie an Himbeeren oder in Weintrauben, Feigen etc. vorhanden sind, ganze Leinsamen, Mohn- oder Sesamsamen, denn sie lagern sich mit Vorliebe in Divertikeln ab und führen öfters zu schmerzhaften Entzündungen. Gleiches gilt für Kerne und die Haut von Tomaten und Paprikaschoten sowie Früchte mit ledrig-harter Schale; derartiges Obst oder Gemüse muß blanchiert, geschält und entkernt werden. Kürbiskerne, Sonnenblumenkerne, Nüsse, ebenso ganze Gewürze wie Kümmel, Anis, Fenchel etc., sollten nur gemahlen bzw. zerstoßen verwendet werden!

Besondere Vorsicht ist bei allen Schrot- und Vollkornbroten sowie Vollkornprodukten und Müslimischungen geboten. Sie müssen sehr sorgfältig gekaut werden!

Insbesondere für Senioren mit Gebiß- und Kauproblemen ist Vollkörniges und Kleinkerniges denkbar ungeeignet. Leider wird das in der Altenverpflegung selten berücksichtigt. Junge Diätfachkräfte, die trendgerechte Vollwert- und Vollkornkost in Speisepläne integrieren, stehen den Gebißproblemen der älteren Generation meist völlig verständnislos gegenüber.

Schmerzhafte Divertikulitis-Attacken können durch gezielte Vorsichtsmaßnahmen im Diätplan vermieden werden!

Neurodermitis

kann auch Zöliakie-Patienten befallen. In der Therapie des **Atopischen Ekzems,** wie die Neurodermitis noch richtiger heißt, darf neben strengen Ernährungsregeln auch der glutenfreien Diät eine bedeutsame Rolle zugeschrieben werden.
Erst 1966 erkannte die Medizin, daß zwischen Zöliakie und nerval bedingten oder auch unspezifischen Hauterkrankungen wie beispielsweise der seltenen *Dermatitis herpetiformis* Zusammenhänge bestehen und durch glutenfreie Ernährung eine deutliche Besserung erzielt werden kann (siehe auch medizinisches Vorwort).
Auch bei völlig gesunden Menschen können verschiedene Lebensmittel allergische Hautreaktionen auslösen. Beim hyper-

sensiblen Neurodermitiker führen manchmal bereits kleine Fehler in der Ernährung zu einem akuten Schub.
Und obwohl **Neurodermitis keine Allergie** ist, zeigen diese bedauernswerten Patienten doch allergische Reaktionen auf unglaublich viele Stoffe, angefangen von Tierhaaren bis hin zu Kosmetika und nicht zuletzt auf Lebensmittel.
Diese Überempfindlichkeit wird als Atopie bezeichnet.
Bei der Kombination von Zöliakie mit Neurodermitis oder z. B. bei Hautreaktionen, die nach bestimmten Nahrungsmitteln auftreten, ist ein **Ernährungsprotokoll** von besonderer Bedeutung!
Viele Nahrungsmittel werden bei Neurodermitis nicht toleriert.

Besonders problematisch sind:

Milch und Milchprodukte, fette Käsesorten, Eier, oxalsäurehaltiges Gemüse, wie z. B. Rhabarber, Spinat, Spargel und rote Bete (das Kochwasser dieser Sorten darf auch nicht verwendet werden!). Ebenso können Paprika, Peperoni, Rettich, Sauerkraut, Sellerie, Tomaten, Beerenfrüchte, Kiwi und stark vitamin-C-haltige, säurereiche Fruchtsorten Beschwerden verursachen. Gepökelte Fleisch- und Wurstwaren, tierische Fette und Geräuchertes sollten möglichst gemieden werden.

Ohne Frage muß sich jede Diät vorrangig an der ärztlichen Medikation und dem aktuellen Gesundheitszustand orientieren.
Bevor Sie sich aber mit rigorosen Diätvorschriften herumquälen und womöglich die Lust am Kochen und die Freude am Essen verlieren: *Versuchen Sie anhand eines Ernährungsprotokolls selbst herauszufinden, welche Nahrungsmittel keine nachteiligen Auswirkungen auf Ihre Gesundheit zeitigen.*

Selbsthilfegruppen rund um die Welt

Zöliakiekranke sind in Selbsthilfegruppen weltweit organisiert.
Auf Reisen oder im Urlaub kann jeder Hilfesuchende bei ausländischen Zöliakiegesellschaften mit Unterstützung rechnen. Der Internationale Zöliakiekongreß findet alljährlich jeweils in einem anderen Land statt. Darüber hinaus veranstalten Zöliakie-Vereine regelmäßig Tagungen und Versammlungen, wobei medizinische Erkenntnisse, neuentwickelte Diätprodukte und Erfahrungsaustausch im Vordergrund stehen.

Die Deutsche Zöliakiegesellschaft – DZG – gibt neben quartalsweise erscheinenden Illustrierten, jährlich aktualisierte *Aufstellungen Glutenfreier Lebensmittel* und *Listen Glutenfreier Medikamente* für ihre Mitglieder heraus. Diese ausführlichen Broschüren wurden inzwischen zu unentbehrlichen Hilfen im Alltag des Zöliakiekranken. Adresse der DZG auf Seite 276!

PRAKTISCHER TEIL

Was ist bei der Ernährungsumstellung zu beachten?

Wenn eine Glutenintoleranz zweifelsfrei diagnostiziert wurde, ist eine grundlegende Änderung der Ernährung unumgänglich.

Sämtliche Nahrungsmittel, die das Klebereiweiß Gluten enthalten, müssen strikt gemieden werden!

Das sind alle Produkte die mit/aus Dinkel, Gerste, Grünkorn, Hafer, Roggen oder Weizen hergestellt werden.

Anstelle der krankmachenden Getreide gibt es nun die glutenfreien: *Amaranth, Buchweizen, Hirse, Mais, Reis, Soja, Quinoa sowie Stärkemehl aus Mais und Kartoffeln, und nicht zuletzt die unentbehrlichen Bindemittel aus Johannisbrotkern oder Guarkern.* Diese nährstoffreichen Kerne, Bohnen, Getreide und Körner sind vollwertiger Ersatz für die klebereiweißhaltigen Sorten.

Das Umsteigen von »normaler« auf glutenfreie Kost wird durch hervorragende Diätprodukte erleichtert. **Glutenfrei essen heißt nicht, auf Gaumenfreuden zu verzichten!** Der einzige harte Schlag: morgens gibt es kein ofenfrisches Gebäck vom Bäcker, und auf die altgewohnte Brotsorte müssen Sie auch verzichten. Frisch getoastete oder aufgebackene glutenfreie Brötchen duften aber genauso verlockend, und glutenfreies Brot schmeckt sogar vorzüglich. Hamburger aus dem Fast-Food-Restaurant, oder Pizza und Spaghettiessen beim Italiener um die Ecke sind natürlich passé. Mit glutenfreien Pizzaböden und Teigwaren aus dem Reformhaus können jedoch zu Hause Spezialitäten auf den Tisch gezaubert werden, die viel besser schmecken als im Restaurant. Und hausgemachte »Glutenfree-Hamburger« sind auch keine Hexerei!

Die Ernährungsumstellung besteht hauptsächlich im Weglassen von glutenhaltigen Lebensmitteln. Vorrangig muß dabei »verstecktes Gluten« erkannt und alles Glutenhaltige aus der Ernährung gestrichen werden.
Besondere Aufmerksamkeit ist bei Medikamenten erforderlich! Durch Malabsorption kommt es zu Mangelzuständen an Eisen, Folsäure, Calcium, Eiweiß, Beta-Carotin und den Vitaminen A, B_{12}, D und E. Die Ernährung muß deshalb gelegentlich mit Vitaminen und Mineralstoffen unterstützt werden.
Achten Sie dabei auf absolut glutenfreie und falls nötig auch auf lactosefreie Produkte. Auch Gelatinekapseln sind mitunter problematisch. Durch die Gelatineumhüllung soll die Arznei ihre Wirkung nicht im Magen sondern erst im Dünndarm entfalten. Doch manchmal rebellieren sowohl der Magen als auch – und besonders bei Sprue-Patienten – der marode Dünndarm auf die eher schwerverdauliche Gelatinekapsel!

Worauf kommt es in der glutenfreien Küche an?

Die einzig wirkliche »Schwierigkeit« beim glutenfreien Kochen und Backen: *Die Speisen dürfen nicht mit Glutenhaltigem in Berührung kommen, denn schon die kleinste Menge Gluten kann die Krankheit erneut auslösen!*
Glutenfreie Nudeln dürfen z. B. nicht im selben Kochwasser gekocht werden, in dem vorher »normale« Spaghetti zubereitet wurden. Gleiches gilt für Fritierfett, in dem glutenhaltiges Paniertes gegart wurde. Beim Kochen und Backen müssen sämtliche Geräte, Töpfe, Arbeitsflächen und selbstverständlich auch die Hände absolut sauber – im Sinne von glutenfrei – sein!
Beim Backen darf unter keinen Umständen »normales« Mehl bei der Teigverarbeitung zugemischt werden. Hier liegt nämlich die häufigste Fehlerquelle. Manche Anfänger meinen, nachdem nur glutenfreie Zutaten für das Rezept verwendet werden, kann ein wenig normales Mehl zum Ausstreuen der Backform oder zum Teigausrollen nicht schaden. Ein Irrtum, der fatale Folgen haben kann!
Selten sind in einer Familie mehrere Personen an glutenfreies Essen gebunden. Daß eine ganze Familie sich solidarisch erklärt und lebenslänglich glutenfrei essen wird, ist allein aus finanziellen Gründen nicht vertretbar. Denn glutenfreie Lebensmittel sind nicht gerade billig. Wird nur für ein Familienmitglied glutenfrei gekocht, ist daher die größtmögliche Sorgfalt in der Küche geboten.

Die glutenfreie Küche erfordert perfekte Warenkenntnisse!

Hierbei verdeutlicht sich der Wert der ausführlichen »Aufstellung glutenfreier Lebensmittel« der Deutschen Zöliakiegesellschaft, die in der glutenfreien Küche nicht fehlen darf!

Tip: In Reformhäusern und bei Verbraucherzentralen gibt es Lebensmittelbroschüren, die als »Nachhilfe« in Warenkunde bestens geeignet sind. Fragen Sie danach!

Glutenfrei essen – unterwegs und anderswo

Mit viel Glück findet man gelegentlich ein Restaurant, dessen Personal auf den Wunsch nach glutenfreiem Essen vorbildlich reagiert. Doch zumeist ist Essen außer Haus für Zöliakiekranke wie Russisches Roulett. Ob die Speisen wirklich hundertprozentig glutenfrei serviert werden, ist nämlich nie sicher. Es nützt wenig, dem Kellner mühselig zu erklären, warum man nichts glutenhaltiges essen darf, wenn das Küchenpersonal nicht versteht, was damit gemeint ist.

Manchmal läuft es auch andersrum. In einem schweizerischen Restaurant wurde meine Frage nach glutenfreiem Essen offensichtlich völlig mißverstanden. Der Kellner gab sich als souveräner Gourmet und verbesserte mich, denn es würde »Glutamat« und nicht »Gluten« heißen. Und er fügte hochnäsig hinzu, daß in diesem Haus noch nie mit »Glutamat« gekocht wurde. Derartige Situationen sind »Zöliakos« gewiß nicht fremd. Erst der zweite Anlauf, und die Bitte direkt an den pfiffigen Koch gerichtet, brachte Erfolg. Der verstand doch tatsächlich sofort, was glutenfrei bedeutet. Merci vielmals!

Auf Reisen sieht es ähnlich aus. Ob im Speisewagen der Bahn, im Bus oder auf einem Dampfer – es ist immer ratsam, sein eigenes Lunch-Paket mitzunehmen. Mit der Frage nach glutenfreien Menüs trifft man nicht immer auf ein offenes Ohr.

Sogar im Flugzeug kann es zu Pannen mit der Verpflegung kommen, wenn für Sie kein glutenfreies Essen bestellt, oder die Bestellung verwechselt wurde. Fragen Sie am besten gleich beim Einsteigen bei der Stewardess nach ihrem »Sondermenü«. Erfreulicherweise erfüllen fast alle Fluggesell-

schaften den Wunsch nach einem »Glutenfree meal«. Leider bleibt bei einigen Fluggesellschaften die Kreativität auf der Strecke oder die Phantasie erschöpft sich in der Beilage von Reiscrackern.
Eine spruekranke US-amerikanische Autorin erlebte während eines Langstreckenfluges eine böse Überraschung nach der anderen. Alle ihre Bordmenüs bestanden aus Rohkost und Salat! Verständlicherweise beschwerte sie sich bei der Fluggesellschaft, denn schließlich hatte man ihr bei der Buchung glutenfreie Diät zugesichert. Ihre Reklamation wurde abgewimmelt und von der hämischen Frage, ob denn das Grünzeug vielleicht nicht glutenfrei gewesen wäre, gekrönt.
Doch nicht auf jeder Flugreise wird man zwangsweise zum Vegetarier. Mit Vergnügen denke ich an die spanische Luftlinie, für die die Frage nach glutenfreier Diät nichts Außergewöhnliches war. Meine Diät-Menüs wurden von der Stewardess nicht verwechselt, wie sonst üblich, und zu meinem Erstaunen gab es glutenfreien Kuchen und jede Menge Knabbergebäck an Bord. Es ist aber nie verkehrt, auf längeren Flugreisen zumindest glutenfreies Dauerbrot mitzunehmen.
Oft schon hat sich am Urlaubsort herausgestellt, daß mit dem »nahegelegenen« Diätgeschäft das in der »nächstgelegenen« Stadt gemeint war. Und damit es Ihnen nicht so ergeht, wie unserer amerikanischen Leidensgenossin, sind ein paar Schnitten glutenfreies Knäckebrot im Handgepäck nie verkehrt – auch wenn man Ihnen glutenfreies Essen zugesichert hat.

Verpflegung in Hotels, Krankenhäusern und Kurkliniken

In gutgeführten Hotels gibt es mit der Bitte nach glutenfreiem Essen selten Schwierigkeiten. Die Deutsche Zöliakiegesellschaft hilft durch ihre »Broschüre mit Hotels, Pensionen und Kurkliniken«, Häuser zu finden, in denen glutenfreie Verpflegung möglich ist. Unliebsame Überraschungen bleiben erspart, wenn vor Kurbeginn die Diät mit dem Kurarzt im Beisein einer Diätassistentin besprochen wird. Gleiches gilt für Krankenhausaufenthalte! Manche Kliniken, die das Essen aus zentralen Großküchen beziehen, stehen der Frage nach glutenfreier Diät völlig hilflos gegenüber. Es kann nicht erwartet werden, daß bei der Aufnahme im Krankenhaus sofort eine versierte Diätfachkraft zur Stelle ist, die Ihre glutenfreie Kost arrangiert. Wohl dem, der von Angehörigen versorgt wird. Anhanglose Singles, egal ob jung oder alt, stehen im Falle einer Noteinweisung jedoch auf verlorenem Posten.

Ein schier unlösbares Problem scheint die Versorgung von Pflegebedürftigen zu sein. »Essen auf Rädern« und glutenfreie Schonkost für ältere Menschen sind offensichtlich nicht unter einen Hut zu kriegen. Unter den angebotenen Diät-Menüs einiger mobiler Großküchen sind manchmal rein zufällig glutenfreie.

Doch die Zusammenstellungen in den Menü-Boxen erwecken häufig den Eindruck einer »Friß-Vogel-oder-stirb-Diät«. Frei nach dem Motto: Wer's nicht verträgt, ist selber schuld!

Die allgemeine Unkenntnis über die Krankheit und die Verständnislosigkeit gegenüber glutenfreier Diät sind die häufigsten Probleme von Zöliakie/Sprue-Betroffenen.

Glutenfrei im Urlaub

Bei der Planung einer Urlaubsreise muß die Frage nach Ihrem glutenfreiem Essen an erster Stelle stehen. Reiseveranstalter, Fluggesellschaften und Hotels sind meist bemüht, die Bitte nach glutenfreiem Essen zu erfüllen. Die Zusagen klingen immer sehr glaubhaft, doch eine hundertprozentige Garantie wird es nie geben. Daher ist es ratsam, ein paar glutenfreie Nahrungsmittel als »Überlebens-Reserve« einzupacken. Mit Keksen, Waffeln und Brot im Koffer sind Sie gegen unangenehme Überraschungen gewappnet.
Es kam auch schon vor, daß der Koch im Strandhotel bei der Frage nach glutenfreiem Essen auf die Glut im Grillofen schielte, und meinte, es dürfe wahrscheinlich nichts Gegrilltes serviert werden.
Gluten wird häufig mit »Glucose«, »Glutamat« und sogar mit »Glycol« verwechselt, welches durch die Weinpanscherei anfangs der 80er Jahre in aller Munde war. Damals mischten gewissenlose Weinhändler das Frostschutzmittel »Glycol« unter den Rebensaft, um vermeintlich höhere Gewinne zu erzielen. Statt Profit gab es Strafe und Skandalwellen mit Langzeitwirkung, die sogar bis in die glutenfreie Küche schwappen.
Ein süditalienisches »Diät-Hotel« verspricht in glänzenden Lettern: »Glutenfreies Essen wie zu Hause«. Etwas blasser steht darunter: »wenn die Diät-Lebensmittel selbst mitgebracht und in der Küche abgegeben werden.« Glutenfreies Brot wird frisch gebacken, aber das Mehl für den Teig bringen sie gefälligst mit! Selbstverständlich müssen Sie dafür auch noch Diät- und Saisonzuschlag zahlen. Mamma Mia!

Glutenfreier Lebensmitteleinkauf

Jeder Betroffene macht anfangs Fehler beim Einkaufen, denn »verstecktes Gluten« ist nicht erkennbar. Zudem sind viele Lebensmittel in mikroskopisch kleiner Schrift deklariert, oder mit Bezeichnungen versehen, die bestenfalls ein Lebensmittelchemiker entschlüsseln kann. In manchen Produkten würde man niemals Gluten vermuten, wie beispielsweise in Margarine, Pralinen oder in Getränken. Deshalb der Rat:
Kaufen Sie möglichst naturbelassene Lebensmittel, die aus biologischen Betrieben stammen!
Beim Einstieg in die glutenfreie Diät sind für das Einkaufen viel Zeit und Geduld erforderlich. Doch die anfänglichen Schwierigkeiten sind schnell überwunden, und der glutenfreie Einkauf wird bald zur Routine.
In Reformhäusern und Naturkostläden erwartet Sie ein reichhaltiges Angebot an glutenfreien Produkten. Doch aus wirtschaftlichen Gründen führt der Weg natürlich zuerst in Supermärkte, wo Sie mit dem nötigen »Know-how« viele Lebensmittel finden, die bedenkenlos in der glutenfreien Küche verwendet werden können.
Bei **Lactoseintoleranz** müssen die Inhaltsdeklarationen auf den Verpackungen besonders aufmerksam durchgelesen werden. Sind Milch- oder Molkenpulver in einem Produkt enthalten, darf es bei Lactoseintoleranz nicht verwendet werden! Diät-Lebensmittel, Süßstoffe, Medikamente, konservierte und tiefgekühlte Menüs etc. können sowohl Lactose als auch Gluten enthalten.
Sogar glutenfreie Diät-Backmischungen enthalten meist sehr hohe Anteile an Lactose in Form von Molken- und/oder Milchpulver. Wundern Sie sich also nicht, wenn Ihre Darm-

Beschwerden unter Verwendung industriell gefertigter Diätmehlmischungen nur zögerlich verschwinden – oder mitunter sogar schlimmer werden!
Bekömmlicher sind natürlich Mehlmischungen, die nach Ihrem eigenen Rezept aus Buchweizen-, Hirse-, Mais-, Reis-, Soja- sowie Johannisbrotkern- und Stärkemehlen zusammengestellt werden. Im Reformhaus sind alle glutenfreien Sorten als ganzes Korn, geschrotet, in Flocken und als backfein gemahlenes Mehl erhältlich. Amaranth und Quinoa werden nur als ganzes Korn oder »gepoppt« angeboten. Kartoffelpüreepulver ist zum Andicken von Teigen gut geeignet und hat sich beim glutenfreien Backen bewährt.
Stärkemehle sind aus der glutenfreien Küche nicht wegzudenken, Speisestärke und Kartoffelmehl, bzw. Kartoffelstärke können in jedem Supermarkt gekauft werden.
Gehen Sie auf Nummer Sicher! Beachten Sie unbedingt die Angaben in der Broschüre »Aufstellung glutenfreier Lebensmittel« der Deutschen Zöliakiegesellschaft. Denn in Stärkemehl kann glutenhaltige Weizenstärke enthalten sein! Gleiches gilt für Kartoffelpüreepulver, das nicht mit glutenfreiem Kartoffelstärkemehl verwechselt werden darf.
Keine Kompromisse! Kaufen Sie nur absolut glutenfreie Ware!

Tip: Asienläden sind eine Fundgrube für glutenfreie Lebensmittel!

Welche Ausstattung ist für glutenfreies Kochen und Backen erforderlich?

Außergewöhnliche Geräte brauchen Sie in der glutenfreien Küche nicht. Für die Rezepte in diesem Buch benötigen Sie neben den üblichen Küchenwerkzeugen:
Pürierstab oder Mixer, elektrisches Rührgerät mit Schneebesen und Knethaken, spezialbeschichtete Pfannen, oder einen kleinen »Wok« mit Zubehör – und eventuell eine Friteuse.
Eine Haushalts-Getreidemühle ist in der glutenfreien Küche nicht unbedingt erforderlich. Um die glasharten Sorten wie Reis oder Mais zu backfeinem Mehl zu vermahlen, mangelt es der Haushaltsmühle am tonnenschweren Gewicht eines Mühlsteins.
Verwenden Sie lieber glutenfreie Mehle aus dem Reformhaus, die von Meisterhand gemahlen wurden. Fachgerecht gemahlene glutenfreie Mehlsorten, Backmischungen und Lebensmittel werden von Diätherstellern sogar direkt ins Haus geliefert.
Siehe Bezugsquellen für glutenfreie Lebensmittel auf Seite 278.
Falls Sie trotzdem selbst mahlen möchten, reicht eine elektrische Kaffeemühle mit kräftigem Motor, die nur für glutenfreie Körner verwendet werden darf. Kleine Mehlmengen, die für jeweils ein Rezept benötigt werden, können stets frisch hergestellt werden.

Ein paar Tips und Tricks

Wenn Sie glutenfreies Gebäck selbst herstellen, ist es wirtschaftlicher, auf Vorrat zu backen. »Großbacktage«, an denen der Bedarf für mehrere Wochen hergestellt wird, haben sich bewährt. Luftdicht und portionsgerecht verpackt, können Brot und Gebäck mindestens 3 Monate tiefgefrostet aufbewahrt werden. Damit ständig wiederkehrende Zutaten wie Hirse, Maisgrieß, Reis etc. nicht täglich gekocht werden müssen, kann Vorgekochtes die hilfreiche Lösung sein: $^1/_3$ Hirse- oder Reiskörner etc. mit $^2/_3$ Wasser in einer Schüssel im Wasserbad ca. 20 Minuten zugedeckt kochen. Diese Methode verhindert das Anbrennen, und die Körner werden locker und weich. Gekochtes Getreide im Kühlfach vorrätig zu haben ist zeitsparend und arbeitserleichternd. Die »Wasserbad-Kochmethode« ist auch für Amaranth oder Quinoa zu empfehlen. Sago nie lange kochen! In kaltem Wasser etwa 30 Minuten einweichen, dann in kochende Flüssigkeit einrühren und kurz aufkochen. Das reicht für ein vollständiges Ausquellen der Sagokörner.

Ein preiswerter Vorrat an Müsli kann selbst hergestellt werden. Dazu verwenden Sie Hirseflocken, Puffreis, »gepoppten« Amaranth (gibt es im Naturkostladen fertig zu kaufen), Cornflakes, Sultaninen, getrocknete Aprikosen und geröstete Nüsse oder Mandeln. Müsli nach Ihrem persönlichen Rezept ist sicher eine originelle Abwechslung.

Haselnüsse schält man, indem sie 7 Minuten ins heiße Backrohr geschoben werden. Die aufgeplatzte Nußhaut zwischen den Händen oder einem Küchentuch abreiben. Werden weiße, also geschälte Mandeln benötigt, die Mandeln in kochendes Wasser schütten. Nach dem Abkühlen läßt sich die Mandelhaut mit den Fingern abziehen. Zum Aufbewahren sind nur gut durchgetrocknete Mandeln geeignet.

Oxalsäurehaltige Gemüse wie Spinat, Spargel, Rhabarber, rote Bete und grüne Bohnen müssen blanchiert werden. 3 Minuten kochen, das Wasser abgießen und mit frischem Wasser fertiggaren. Tomaten sind besser verträglich, wenn sie kreuzweise eingeritzt, rund um den Stielansatz ausgeschnitten in kochendes Wasser getaucht und anschließend gehäutet werden.

Ersatzmilch bei Milchzuckerunverträglichkeit

Wußten Sie, daß in asiatischen und afrikanischen Ländern Magen- und Darmkrankheiten mit **Kamelmilch** auskuriert werden, daß der Stutenmilch seit jeher heilsame Wirkung zugeschrieben wird oder das **Esels-, Schafs- und Ziegenmilch** bereits in der Antike als Arzneien und nicht zuletzt als Kosmetika bekannt waren? Die heilende und verschönernde Kraft dieser exotisch anmutenden Milchsorten ist in Vergessenheit geraten.

Kuhmilch ist wegen ihres hohen Nährwertes weltweit die populärste Milchsorte. Sie enthält neben Mineralstoffen und Vitaminen Milchfett, Milcheiweiß und Milchzucker.
Sahne und Butter, mit kaum nennenswertem Milchzuckergehalt, werden bei Lactoseintoleranz problemlos vertragen!
Mit Wasser verdünnte Sahne ergibt einen fast lactosefreien Milchersatz mit uneingeschränkten Verwendungsmöglichkeiten.

Kokosmilch kann in der glutenfreien Diät ebenfalls anstelle von Milch verwendet werden. Sie ist im Reformhaus oder im Asienladen erhältlich und kann ähnlich wie **Mandelmilch** selbst hergestellt werden. Siehe Rezept Seite 89.

Sojamilch, die unter der Bezeichnung »Soja-Drink« angeboten wird, ist wie Reismilch als Kuhmilch-Ersatz bei Milcheiweiß-Allergie oder bei Milchzuckerunverträglichkeit gut geeignet.
Vorsicht beim Kauf von Milchimitaten! Manche »Milch-Ersatz-Produkte« sind auf pflanzlicher Basis hergestellt, die Gluten enthalten können.

Kleine Warenkunde

Fett und Öl

sind bei Darmerkrankungen mitunter problematisch. Daher sind Fingerspitzengefühl beim Kochen und Backen und Fachkenntnis bei der Auswahl der Fett- und Ölsorten erforderlich. Wenn die üblichen Nahrungsfette Beschwerden hervorrufen, müssen *Ceres MTC Diät-Margarine* und *Diät-Speiseöl* aus dem Reformhaus verwendet werden!
Es wäre ein schwerer Fehler, Fette und Öle gänzlich wegzulassen, denn die in Salaten und Gemüsen enthaltenen »fettlöslichen Vitamine« A, D, E und K werden nur durch Fett aufgespalten.
Maiskeimöl und Sonnenblumenöl sind für die glutenfreie Küche gut geeignet. Weizenkeimöl ist dagegen nicht zu empfehlen! Schwerverdauliche Nuß- oder Kernöle sowie tierische Fette müssen auf ihre Verträglichkeit ausgetestet werden.
Butter und Butterschmalz werden von den meisten Zöliakie/Sprue-Patienten toleriert. Bekömmlicher und ohne Risiko sind ungehärtete pflanzliche Fette.

Achtung: pflanzliche Streichfette und Margarinesorten können gluten- und lactosehaltig sein!

Glutenfreies Getreide und Korn

Amaranth zählte neben Mais und Quinoa zu den Grundnahrungsmitteln der mittelamerikanischen Kulturen. Das »Wunderkorn« war bei den Azteken und Inkas bereits vor mehr als 3000 Jahren bekannt. In den berühmten mexikanischen Coxcatlán-Höhlen wurden Amaranthkörner gefunden, die auf

6000 v. Chr. datiert wurden. Somit dürfte Amaranth eine der ältesten Nahrungspflanzen der Neuen Welt sein.
Die moderne Ernährungswissenschaft hat den Wert des Wunderkorns wiederentdeckt. Amaranthkörner sind in ihrer Nährstoffzusammensetzung einmalig und übertreffen alle anderen Getreidesorten durch ihren vielfachen Wert an Calcium, Magnesium, Eisen sowie durch die außergewöhnlich gute Eiweißqualität und den hohen Lysingehalt. In der glutenfreien Küche kann Amaranth unter anderem für Dessert, Gebäck oder als Beilage verwendet werden.

Buchweizen ist ein Knöterichgewächs, stammt aus Vorderasien, und gehört nicht zu den Getreiden. Die wohlschmeckenden Buchweizenkörner, die an kleine Bucheckern erinnern, sind dem Getreide aber sehr ähnlich und können praktisch auch so verwendet werden. Buchweizen wird als ganzes Korn, als Grütze, in Flocken oder als Mehl angeboten. Erwähnenswert ist der hohe Gehalt an Stärke, Eiweiß, den Vitaminen E, B_1, B_2, Niacin sowie Kalium, Calcium und Eisen.
Buchweizen ist durch seine vielseitigen Verwendungsmöglichkeiten in der glutenfreien Ernährung besonders beliebt.

Hirse ist das älteste kultivierte Getreide und war schon den Urvölkern bekannt. Im antiken Griechenland war Hirse die klassische Hauptnahrung der Spartaner. Im Mittelalter hatte sie auch im europäischen Raum einen hohen Stellenwert. Für viele Völker Afrikas ist die dürresistene Hirse auch heute noch das tägliche Grundnahrungsmittel.
Die anspruchslose Hirsepflanze wurde durch hochkultivierte Getreidesorten fast gänzlich verdrängt, doch sie behauptet sich wieder zunehmend, und der weltweite Anbau von Hirse steigt.
Hirse ist ballaststoffreich und gut verdaulich, hat hohe Anteile an Kieselsäure, Calcium, Kalium, Eisen sowie Vitamin E und den Vitaminen der B-Gruppe. Hirse besteht zu 10 % aus Eiweiß und wird überwiegend als ganzes Korn oder in Flokken angeboten.

Einst war die Hirse das Brot der Armen. Heute ist sie wegen ihrer universellen Verwendungsmöglichkeiten in der glutenfreien Diät und vor allem in der Vollwertküche hochgeschätzt.

Mais wurde bereits 3000 v. Chr. in Mexiko kultiviert und wird heute weltweit angebaut.
Das wohl bekannteste Maisprodukt wurde vor mehr als 100 Jahren in Battle Creek, Michigan erfunden. Der Chefarzt des dortigen Hospitals experimentierte an einem bekömmlichen Nahrungsmittel für Magen-Darm-Kranke und verwendete dafür Maiskörner. Dabei entstanden Maisflocken, die als »Cornflakes« einen Siegeszug um die Welt antraten.
Mais enthält Vitamin E, Niacin, Kalium, Calcium und Eisen. Die vielseitigen Produkte aus Mais bereichern unseren Ernährungsplan fast täglich, und sie haben in der glutenfreien Diät einen herausragenden Stellenwert.

Quinoa, die traditionelle Kulturpflanze der Indios, die auch Andenweizen oder Ketschua genannt wird, gehört botanisch zu den Gänsefußgewächsen. Einst wurde Quinoa, dem magische Kräfte zugesprochen wurden, an die Sonnengötter geopfert. Auf Anbau und Verzehr der Quinoapflanze stand unter den spanischen Conquistadores die Todesstrafe. In abgeschiedenen Anden-Hochtälern wurde Quinoa jedoch weitergezüchtet, und die »Wunderpflanze« überlebte bis in die heutige Zeit.
Quinoa hat einen hohen Nährwert und ist leicht verdaulich. Die Körner bestehen aus 64 % Stärke, 16 % Eiweiß, 7 % Fett und sind reich an Vitaminen und Mineralstoffen. Das von den Inkas verehrte »Wunderkorn« wird wie Reis zubereitet und kann genauso vielseitig verwendet werden.
Die Vollwertküche hat den Wert des »Andenweizens« wieder entdeckt. Quinoa ist auch für die glutenfreie Ernährung empfehlenswert.

Reis, das »Brot Asiens«, hat seine ursprüngliche Heimat in Südostasien. Heute liegen die für den Welthandel bedeutendsten Anbaugebiete in Indien, China, Nord- und Südamerika. Die im Handel erhältlichen Reissorten mit den Bezeichnungen Natur-, Spitzen-, Standard-, Haushalts- oder Milchreis und die Spezialsorten wie Parboiled Reis oder Quick-Reis können ebenso wie Reisflocken, Puffreis und Reismehl in der glutenfreien Küche verwendet werden. Bei Feinschmeckern sind Reissorten wie Basmati, Carolina oder Siam besonders beliebt. Naturreis hat den höchsten Anteil an den Mineralstoffen Kalium, Calcium, Eisen und den Vitaminen E, B_1, B_2 sowie Niacin. Er sollte öfters den geschälten und polierten Reissorten vorgezogen werden. Reis, der für nahezu jede Diät geeignet ist, hat in der glutenfreien Küche den Stellenwert eines Grundnahrungsmittels.

Wildreis ist ein zur Getreidefamilie gehörendes Wassergras, das eher mit dem Hafer als mit der Reispflanze verwandt ist. Durch die enge Verwandtschaft zur glutenhaltigen Getreidepflanze entstand die weitverbreitete Meinung, im Wildreis wäre Gluten enthalten. Doch nach »Du Bois Wild Rice Ltd.«, Winnipeg, Canada, sowie dem Food and Nutrition Departements der University of Manitoba ist Wildreis glutenfrei.

Sojamehl, das als »Soja-Vollmehl« und als »Fettarmes Sojamehl« angeboten wird, ist für glutenfreies Gebäck gut geeignet. Durch Zusatz des eiweiß- und mineralstoffreichen Sojamehls erhält Brot einen höheren Nährwert. Bei Verwendung von fetthaltigem Soja-Vollmehl sollte Fett im Rezept reduziert werden. Aus Sojabohnen werden vielerlei Produkte gewonnen, einige davon sind auch für die glutenfreie Küche von Bedeutung, wie z. B. Sojaöl, Sojakeimlinge, Sojasauce oder Tofu.

Stärkeprodukte und Geliermittel

Stärkemehle aus Mais, Reis oder Kartoffeln sind in der glutenfreien Küche von besonderer Bedeutung. Glutenfreies Backen, die Zubereitung von Cremes, Saucen, Suppen und Pudding wäre ohne Stärkemehle undenkbar.

Was ist modifizierte Stärke?

Die besorgte Frage vieler zöliakiekranker Menschen, ob modifizierte Stärke glutenfrei ist, kann nicht hundertprozentig mit ja beantwortet werden! Modifizieren kommt vom lateinischen modificare = richtig abmessen. »Modifizieren« steht in der modernen Lebensmittelindustrie für aufbereiten, vorfertigen, abwandeln oder anders gestalten. Dieser »Gummibegriff« ist nach allen Richtungen dehnbar und legt niemals den Inhalt offen, sondern es wird vielmehr verschleiert, um welche Stärke es sich handelt. Hinter der Bezeichnung »modifizierte Stärke« kann sich glutenhaltige Weizenstärke verbergen!

Pfeilwurzmehl, auch als »Arrowroot« bekannt, wird aus den stärkehaltigen Wurzeln tropischer Stauden wie Cassave, Maniok oder Maranta gewonnen. Durch seinen neutralen Geschmack ist es ein ideales Bindemittel für Suppen, Saucen, Süßspeisen und Gebäcke.

Echter Sago, der auch als **Tapioka** bekannt ist, wird aus dem Mark der indonesischen Sagopalme erzeugt und eignet sich besonders zum Andicken von fruchtigen Desserts. Tapiokamehl ist ebenso wie echter Sago eher in Asienläden zu finden. Die in Supermärkten angebotenen »Sagoprodukte« sind überwiegend aus Kartoffelstärke hergestellte Imitate.

Agar-Agar, das aus Meeresalgen gewonnene Geliermittel mit sehr hoher Gelierkraft finden Sie in Asienläden und in Reformhäusern.

Gelatine wird aus Haut, Knochen und Knorpelmasse von Rindern und Schweinen erzeugt. Sie wird in Blatt- oder Pulverform angeboten und muß vor der Verarbeitung zu Aspik, Gelee oder Süßspeisen in kaltem Wasser aufgeweicht werden.

Guarkernmehl, das durch Vermahlen der Guarbohne gewonnen wird, hat keine verwertbaren Ballaststoffe und keinen

Brennwert. Dies ist bei kalorienreduzierter Ernährung besonders vorteilhaft. Auf Inhaltsdeklarationen wird es »Verdikkungsmittel« oder schlicht »E 412« genannt.

Johannisbrotkernmehl gewinnt man aus den Samenkörnern des Johannisbrotbaums. Die mehlfein vermahlenen Körner haben ein hohes Quellvermögen und, wie Guarkernmehl, keinen physiologischen Brennwert. Auf Lebensmittelpackungen steht es als »Biobin«, »Caroben«, als »Bindemittel: Johannisbrotkernmehl«, oder nur unter der Bezeichnung »E 410«. Johannisbrotkernmehl wird zum Andicken anstelle von Gelatine, Mehl und Stärke in Fruchtsaft, Sahnefestiger, Eiscreme, Sauce, Dressing oder Tortenguß verwendet. In der glutenfreien Küche wurde Johannisbrotkernmehl unter dem Kunstwort »Biobin«, das aus den ersten Silben der Wörter »biologisches Bindemittel« kreiert wurde, ein Begriff. Glutenfreies Brot und Gebäck, Saucen und Cremes gelingen am besten mit »Biobin«!

Zucker und sonstige Süßungsmittel

sind bei Magen- und Darmerkrankungen, Stoffwechselkrankheiten und nicht zuletzt bei Pilzerkrankungen des Darms ein Risikofaktor.

In der glutenfreien Diät sollten, Zucker, Honig, Sirup und Süßstoff sparsam verwendet werden!

Liegt keine medizinische Begründung für den gänzlichen Verzicht auf Süßes vor, darf natürlich gesüßt werden.
Zucker hat auch die Funktion eines Gewürzes! Marinaden, Saucen und Salate bekommen erst durch eine Prise Zucker den richtigen Pfiff. Umgekehrt steigert eine Prise Salz das Aroma von Süßspeisen, Gebäcken und Cremes.
Manche Speisen, wie beispielsweise Gelee, Kompott, Baiser oder Kuchen mit Rhabarber, Stachel- oder Johannisbeeren wären ohne Zucker völlig ungenießbar.

Haushaltszucker wird aus der Zuckerrübe gewonnen und als Raffinadezucker, Weißzucker, Würfelzucker, Puderzucker oder als Gelierzucker mit Pektin und Säure angeboten.

Brauner Zucker ist ungebleichter Raffinadezucker; er wird wegen der Farbgleichheit manchmal mit echtem Rohrzucker verwechselt.

Kandiszucker, der beliebte Teezucker, ist die »reinste Sorte« von allen. Er wird durch Auskristallieren von Zuckerlösung gewonnen.

Echter Rohrzucker fühlt sich feucht-klebrig an, hat ein feines, nach Malz duftendes Aroma und ist niemals in Papier verpackt.

Ahornsirup ist das würzigste Süßungsmittel. Der zuckerhaltige Saft des Ahornbaums wird eingedickt, bis ein Zuckergehalt von mindestens 70 % erreicht ist. Ahornsirup enthält Kalium, Calcium und Magnesium.

Rübensirup, auch unter der Bezeichnung Rübenkraut bekannt, hat einen aromatischen, malzähnlichen Geschmack und einen hohen Eisen- und Mineralstoffgehalt. Rübensirup wird aus geschnitzelten, gekochten Zuckerrüben hergestellt.

Honig ist das älteste Süßungsmittel der Menschheit. Der Gehalt an Enzymen, Mineralstoffen, Säuren, organischen Verbindungen und Aroma schwankt sortenbedingt. Durch den hohen Invertzuckergehalt gegenüber Haushaltszucker können viele Kalorien eingespart werden.

Zuckeraustauschstoff ist für Diabetiker ein idealer Ersatz, denn er wird langsam aufgenommen, der Blutzuckerspiegel wird nicht so sehr belastet, und er wird trotz fehlendem Insulin verwertet. Die Zuckeraustauschstoffe »Fruchtzucker«, »Sorbit«, »Mannit«, »Isomalt«, »Maltit« und »Xylit« können wie Haushaltszucker verwendet werden.

Süßstoffe sind als »Acesulfam«, »Aspartam«, »Cyclamat« und

»Saccharin« bekannt. Die Äquivalenz zu Zucker ist bei dem koch- und backfesten »Acesulfam« am höchsten. Der älteste Süßstoff ist das von Konstantin Fahlberg 1879 entdeckte »Saccharin«. Als es in Krisenzeiten keinen Zucker gab, war Saccharin, das mit 2 Gramm die Süßkraft von 1 kg Zucker ersetzt, ein begehrtes Tauschobjekt. »Cyclamate« mit geringerer Süßkraft werden hauptsächlich bei der industriellen Herstellung von Getränken, Marmeladen und Fruchtaromen verwendet. »Saccharin-Cyclamat-Mischungen« sind wesentlich süßer als Haushaltszucker. Das seit 1965 zum Süßen von Speisen und Getränken zugelassene »Aspartam« hat die stärkste Süßkraft, sie ist 200mal höher als die von Zucker, aber es ist nicht koch- und backfest.

Achtung: Bei der seltenen Stoffwechselkrankheit Phenylketonurie muß Aspartam gänzlich gemieden werden! Denn es enthält Phenylalanin, einen Eiweißbaustein, der bei Phenylketonurie (Fölling-Krankheit) schädlich ist.
Die meisten künstlichen Süßungsmittel enthalten Lactose! Sie sind deshalb bei chronischen Darmentzündungen und Lactoseintoleranz ein Risikofaktor.

Obst und Gemüse

sind durch ihren Gehalt an Vitaminen, Mineral- und Ballaststoffen aus ernährungsphysiologischer Sicht von besonderer Bedeutung. Der glutenfreie Speiseplan muß möglichst viel frisches Obst und Gemüse enthalten.
Exotische Früchte und Gemüse brauchen nicht gemieden zu werden! Die medizinische Wirkung wohlschmeckender Früchte wie Ananas, Mango, Papaya ist bei Naturvölkern bekannt. Tatsächlich enthalten diese Früchte entzündungshemmende Enzyme, aber vor allem eiweißspaltende Proteasen. Die Pharmaindustrie gewinnt aus der Papayafrucht das Enzym Papain, das den Stoffwechsel und die Verdauungsorgane ins Gleichgewicht bringt. In unzähligen Medikamenten

ist die heilende Kraft exotischer Früchte und Pflanzen eingefangen.
Trotz allem können manche Fruchtsorten und schwerverdauliche vegetabile Kost, vor allem bei älteren Sprue-Patienten, zu gesundheitlichen Krisen führen!
So kann beispielsweise Rohkost erhebliche Beschwerden auslösen. Ältere Sprue-Patienten sollten deshalb Obst und Gemüse nur schonend gegart verzehren.
Manche Obst- und Gemüsesorten müssen in der Diät des Zöliakiekranken unbedingt auf ihre Verträglichkeit ausgetestet werden!
Bei chronischen oder akuten Darmleiden sind Speisen, die Kohl, Sauerkraut, Pilze oder Hülsenfrüchte enthalten, völlig ungeeignet.

Fisch und Meeresfrüchte

sind durch ihren hohen Gehalt an Mineralstoffen/Spurenelementen und den Vitaminen A, B_1 und B_2 für die Ernährung des Zöliakiekranken besonders wertvoll.
Jedoch kann der Jodgehalt mancher Fische für Dermatitis-Patienten problematisch werden!
In der glutenfreien Küche dürfen sämtliche Fluß- und Seefische und alle Früchte des Meeres verwendet werden, wenn sie nicht gewürzt, paniert, mariniert oder in Sauce eingelegt sind. Meiden Sie tiefgekühlte Fischprodukte mit glutenhaltigen Zutaten!

Fleisch und Wurstwaren

werden aufgrund der Schlachtvieh-Skandale der letzten Jahre von vielen Verbrauchern gemieden. Die besorgte Frage, welches Fleisch man heutzutage überhaupt noch essen kann, ist ein heiß diskutiertes Thema geworden. Zum Glück gibt es

ökologische Betriebe, die erstklassiges Fleisch produzieren, das von Tieren stammt, die artgerecht gefüttert und gehalten, und vor der Schlachtung nicht halbtot gequält wurden.
Ein gänzlicher Verzicht auf Fleisch ist in der glutenfreien Diät nicht empfehlenswert, denn dadurch würde der wichtigste Lieferant von Eisen, Zink, Kalium, Phosphor und den Vitaminen der B-Gruppe wegfallen. Innereien wie Leber, Niere, Herz oder Hirn haben zwar einen sehr hohen Cholesterin- und Puringehalt, aber sie spenden viel Vitamin A, C, und B_2. Gepökelte, geräucherte und fette Fleisch- und Wurstwaren sollten in der glutenfreien Küche sparsam verwendet werden!

Geflügel

ist weit mehr als nur Grillhähnchen. Hausgeflügel wurde bereits vor 5000 Jahren gezüchtet. Naturvölker und Nomaden, die über keinerlei moderne Kühltechnik verfügen, bezeichnen Geflügel als »lebende Fleischkonserve«.
In der Diätküche sind vor allem das Fleisch von Huhn und Pute gefragt. Es liefert hochwertiges Eiweiß, Mineralstoffe, Eisen und die Vitamine B_1 und B_2. Fette Geflügelsorten wie Gans oder Ente werden bei Magen-Darm-Erkrankungen nicht besonders gut vertragen. Fettarme Geflügelsorten, insbesondere auch Wildgeflügel wie Fasan, Wachtel oder Taube, sind für Magen-Darm-Schonkost besser geeignet.

Hauskaninchen und Lamm

sind beliebte Alternativen, wenn Kalb-, Rind- oder Schweinefleisch nicht gegessen werden möchte oder darf. Das Muskelfleisch von jungen Kaninchen ist sehr eiweißreich, fettarm und wohlschmeckend. Fleisch von jungem Lamm, das unter der Bezeichnung »Milchlamm« angeboten wird, hat einen hohen Eiweiß- und Mineralstoffgehalt. Hammelfleisch hat einen eigenwilligen, kräftigen Geschmack. In der orientalischen Küche findet man eine Fülle raffinierter Lamm- und Hammelgerichte, die auch für die glutenfreie Diät geeignet sind. Lamm und Hammel verlangen nach Gewürzen wie Rosmarin, Oregano, Thymian und Knoblauch.

Wild

liefert fettarmes, wohlschmeckendes Fleisch. Es ist reich an Mineralstoffen, Vitaminen und Eiweiß. Doch manche mögen den Wildgeschmack nicht. Richtig gewürzt ist Fleisch von Hirsch, Reh oder Wildkaninchen eine reizvolle und willkommene Abwechslung. Der Vorschlag, Wild in die Zöliakiediät zu integrieren, stößt manchmal völlig unbegründet auf Ablehnung. Diätgerecht zubereitetes Wildbret sollte in der glutenfreien Küche nicht verschmäht werden!

Ein Spaziergang in den Kräutergarten

Kräuter sind seit altersher für ihre heilsame Wirkung bekannt, dennoch werden sie oft in Diätküchen stiefmütterlich behandelt.

Basilikum frisch oder getrocknet darf niemals mitgekocht oder mitgebacken werden. Kurz vor dem Servieren gezupft und auf die Speisen gestreut, entfaltet das »Königskraut« sein volles Aroma.

Beifuß wird auch Gänse-, Johannis- oder Sonnwendkraut genannt. Die Krautknospen werden frisch oder getrocknet zum Würzen für Suppen, Saucen, Gemüse, Hammel, Gänse- und Entenbraten verwendet. Beifuß fördert die Verdauung fetter Speisen.

Bohnenkraut hat ein würziges und sehr eigenwilliges Aroma, das sanft an Pfeffer erinnert. Es paßt gut zu Geschmortem, Gemüseeintöpfen, Lamm – und natürlich zu grünen Bohnen.

Borretsch eignet sich gut für Salate, Saucen und Quark mit Kräutern. Die aromatischen Borretschblüten sollten mitverwendet werden – am besten als effektvolle Dekoration.

Dill mit seinem zarten und doch eindrucksvollen Aroma duldet kein anderes Gewürz neben sich. Er ist ein klassisches Gurkengewürz und verfeinert Fisch, helle Saucen, Reis, Kartoffeln und Getreidegerichte.

Dost ist eigentlich eine veraltete Bezeichnung für Oregano, den wilden Majoran. Sein aromatisches Aroma verfeinert Pizza, Gegrilltes, Gemüsegerichte sowie Lamm und weckt Erinnerungen an den sonnigen Süden.

Estragon mit seinem charmant-spritzigen Aroma eignet sich für helle Saucen und Cremesuppen, aber auch für Kräuteressig und Marinaden.

Glatte Petersilie hat ein kräftigeres Aroma als ihre krause Schwester; sie harmoniert mit fast allen anderen Kräutern und paßt zu Salaten, Gemüse, Kartoffeln, Saucen und Fleischgerichten.

Krause Petersilie wird auch als die »schöne Petersilie« bezeichnet, weil sie sich besonders gut zum Garnieren eignet. Fritiert ist sie eine effektvolle Beilage, die gut zu Gegrilltem paßt.

Kerbel mit seinem zarten Aroma erinnert an den Duft von Anis. Das liebliche Kerbelkraut verfeinert alle Salate, helle Saucen und Cremesuppen.

Kresse hat einen scharfen Geschmack, der ein bißchen an Meerrettich erinnert. Sie verleiht hellen Saucen, Suppen, Salaten, Quark und Fisch eine zündende Note.

Liebstöckel wird auch Maggikraut genannt. Duftendes Liebstöckel und die berühmte Suppenwürze runden mit ihrem Aroma Kartoffelgerichte, Suppen, Saucen und Salate aufs Feinste ab.

Majoran hat ein herb-pfeffriges Aroma. Er eignet sich für deftige Braten, Kartoffelgerichte und gebratenes Geflügel. Majoran macht Fettes leichter verdaulich!

Melisse wird wegen ihres zitronenähnlichen Duftes auch als **Zitronenmelisse** bezeichnet. Sie schmeckt erfrischend und zartsäuerlich. Gemüse, Fischgerichte, Salate, Eier- und Süßspeisen können mit Melisse verfeinert werden.

Minze hat einen erfrischend kräftigen Geschmack, der gut zu Lammgerichten, zu hellem Fleisch und zu Mixgetränken paßt.

Pimpinelle mit ihrem nußartigen Aroma entfaltet sich in

Gemüsen, Salaten, Suppen und hellen Saucen besonders gut. Die berühmte »Frankfurter Grüne Sauce« ohne Pimpinelle? Undenkbar!

Rosmarin mit seinem angenehm-zartbitteren Aroma, harmoniert mit dem Geschmack von Wild-, Lamm- und Rinderbraten. Mediterrane Gemüsegerichte werden gerne mit Rosmarin gewürzt.

Schnittlauch ist ein ganzjähriges Küchenkraut mit zartem Zwiebelduft, das sich mit allen anderen Kräutern verträgt und fast zu allen Gerichten, Salaten, Eintöpfen, Saucen und Suppen paßt.

Salbei entfaltet sein samtig-herbes Aroma erst richtig, wenn er gebraten oder fritiert wird. Fisch, Kalb- oder Lammfleisch, Leber und Nieren schmecken mit Salbei noch mal so gut.

Thymian mit seinem unvergleichlich aromatischen Duft verfeinert kräftige Saucen, Eintopfgerichte und Kurzgebratenes, aber auch Lamm und Geflügel.

Welche Gewürze dürfen in der glutenfreien Küche verwendet werden?

Gewürze sind ein kostbarer Schatz, denn sie bringen Leben in die Küche. Manche Speisen bekommen ihren typischen Geschmack erst durch die richtigen Gewürze. Gewürze dienen nicht nur der Geschmacksverfeinerung. Wußten Sie, daß der Verderb von Speisen durch den ätherischen Ölgehalt der Gewürze deutlich gebremst wird? Mit Ausnahmen der ganz scharfen Sorten darf in der glutenfreien Küche nach Belieben gewürzt werden.

Der medizinische Wert von Gewürzen ist nicht zu unterschätzen!

Manche Gewürze wie Anis, Fenchel oder Kümmel haben lindernde Wirkung bei Verdauungsbeschwerden und bei Blähungen. Die ätherischen Öle von Gewürznelken wirken sowohl desinfizierend als auch entzündungshemmend. Zimt hatte früher in Apotheken einen hohen Stellenwert. Er wurde zur Geschmacksverfeinerung von Tinkturen und Arzneien verwendet. Das im Cayennepfeffer enthaltene Capsaicin hat z. B. schmerzstillende Wirkung und ist somit auch für die Medizin von Bedeutung. Wacholderbeeren würzen nicht nur Sauerkraut und Wildgerichte, sie verhindern auch Blähungen und machen Speisen leichter verdaulich. Bevor eine englische Hausfrau auf die Idee kam, aus gemahlenen Senfkörnern den pikant-würzigen »Mustard« herzustellen, wurden Senfsamen ausschließlich wegen ihrer durchblutungsfördernden Wirkung zu medizinischen Zwecken verwendet. Mildes Currypulver muß in der glutenfreien Diät nicht gemieden werden. Es enthält einen hohen Anteil an Gelbwurz, dem seit jeher heilende Wir-

kung bei Darmleiden nachgesagt wird. Sie sehen, es ist nicht übertrieben, bei Gewürzen von »Schätzen« zu sprechen. Nicht umsonst wurden sie früher in purem Gold aufgewogen. Viele Gewürzpflanzen sind anerkannte Arzneien geworden.
Würzen ist eine hohe Kunst; sie zu beherrschen bedarf es einiger Tricks. Den goldenen Mittelweg zu beschreiben ist unmöglich, denn das Würzen ist eine Frage des Temperaments und des persönlichen Geschmacks. Also, werfen Sie Ihr »Würzgeheimnis« nicht wahllos in den Kochtopf. Verschließen Sie die Gewürze in einem Teefilter-Beutel, der behutsam mitgekocht oder -gedünstet wird. Das erspart hinterher das mühselige Herumfischen, bevor die Speisen serviert werden. Nichts ist unangenehmer als einen Bissen genüßlich zum Mund zu führen und dann auf ein Pfefferkorn oder auf eine Wacholderbeere zu beißen! Auch Kümmel, der in der Bratensauce herumschwimmt, ist ein Ärgernis, das vermieden werden kann.
Kaufen Sie Gewürze möglichst ungemahlen. Frisch zerstoßen oder gemahlen sind sie weitaus aromatischer.
Fertige Gewürzmischungen, Kräutersalze, Geschmacksverstärker, Flüssigwürzen, Saucen, Dressings, Ketchup, Senf etc. müssen sorgfältig geprüft werden, denn sie alle können Gluten enthalten!

Vitamine und Mineralstoffe

spielen in der Diät des Zöliakiekranken eine wichtige Rolle. Durch die gestörte Resorption im Dünndarm kann die Aufnahme von Vitaminen und Mineralstoffen erheblich beeinträchtigt sein. Einer Unterversorgung kann mit einem ausgewogenen Ernährungsplan vorgebeugt werden.
Dieser »kleine Wegweiser« möchte Ihnen zeigen, in welchen Nahrungsmitteln Sie ausreichend Vitamine und Mineralstoffe finden.

VITAMINE

Vitamin A: Milch, Milchprodukte, Leber, Eigelb, Butter, Margarine, sattgelbes und orangefarbenes Obst sowie dunkelgrünes Gemüse

Beta-Carotin (Vorstufe von Vitamin A): Möhre, Aprikose, Spinat, Sojaöl, Honigmelone, Kresse, Kürbis

Vitamin B_1 (Thiamin): Hefe, Leber, Fisch, Bohnen, Geflügel, Fleisch, Milch, Nüsse, Kartoffel, Getreide

Vitamin B_2 (Riboflavin): Leber, Getreide, Milch, Käse, Gemüse, Kartoffel, Eier, Fleisch

Vitamin B_6 (Pyridoxin): Banane, Kartoffel, Geflügel, Gemüse

Vitamin B_{12} (Cobalamin): Rindfleisch, Gouda-Käse, Joghurt

Vitamin C (Ascorbinsäure ist für die Eisenaufnahme wichtig!): Zitrusfrüchte, Melone, Mango, Kiwi, Gemüse, Salat, Kartoffeln, Beeren

Vitamin D: Makrele, Hering, Butter, Margarine, Eigelb, Käse, Leber

Vitamin E: Mandeln, Distel-, Mais- und Sonnenblumenöl, und in fast allen Lebensmitteln

Vitamin K: Fisch, Fleisch, grünes Gemüse wie Mangold, Spinat, Grünkohl

Folsäure: Himbeeren, Orangen, Bananen, Gemüse, Kartoffeln, Sojabohnen, Hefe, Leber, Niere

Biotin: Eier, Nüsse, Blumenkohl, Hefe, Hülsenfrüchte, Niere, Leber

Niacin: Geflügel, Erdnüsse, Fleisch, Leber, Eier, Fisch

Pantothensäure: Gemüse, Kartoffeln, Getreide, Fleisch, Nüsse, Seefische

MINERALSTOFFE

Calcium: Milch und Milchprodukte, Käse, Gemüse, Kresse, Petersilie, Obst, Nüsse, Sardinen mit eßbaren Gräten

Phosphor: Milch und Milchprodukte, Fleisch und Wurst, Kartoffel, Gemüse, Getreide

Magnesium: Fisch, Meeresfrüchte, Milch und Milchprodukte, Getreide, Hülsenfrüchte, Nüsse und Körner

Kalium: Obst, Gemüse, Getreide, Kartoffel, Fleisch, Milch und Milchprodukte

Natrium und Chlorid: Käse, Wurst und in salzigen Snacks

SPURENELEMENTE

Eisen: Aprikosen, Rosinen, Fleisch, Innereien, Wurst, grünes Gemüse, Getreide

Jod: Seefisch, Meeresfrüchte, Milch und Milchprodukte, Jodsalz

Fluorid: schwarzer Tee, Seefisch, Getreide

Kupfer: Nüsse, Leber, Niere, Schalentiere, Austern, Hülsenfrüchte

Mangan: Tee, grünes Gemüse, Nüsse, Hülsenfrüchte

Molybdän: Fleisch, Hülsenfrüchte, Getreide

Selen: Fisch, Fleisch, Getreide

Zink: Milch und Milchprodukte, Eier, Gemüse, Fisch, Fleisch, Leber, Getreide, Meeresfrüchte, Austern

Langsamer Kostaufbau nach akuten Schüben

Trotz aller Vorsichtsmaßnahmen in der glutenfreien Diät kann es vor allem bei älteren Spruepatienten gelegentlich zu Rückfällen kommen. Diese akuten Schübe sind von unterschiedlicher Intensität und können einige Wochen anhalten. Die Stimmungslage ist dabei überwiegend depressiv, man fühlt sich rundherum krank, und die Nahrungsaufnahme wird häufig vernachlässigt, weil durch die allgemeine Antriebsschwäche die Lust zum Kochen fehlt.

In akuten Phasen ist eine nährstoffreiche Schondiät jedoch besonders wichtig!

Auch bei deutlich gebremstem Appetit sollten wenigstens kräftigende Suppen oder Breie, und vor allem viel Flüssigkeit in Form von ungesüßten Kräutertees und stillem Mineralwasser aufgenommen werden.

Bei gravierender Verschlechterung muß selbstverständlich der Arzt entscheiden, wie sich Ihre weitere Ernährung gestalten wird.

Seit mehr als 15 Jahren plagen mich mindestens zweimal pro Jahr derartige Rückfälle, ohne daß ich mir irgendwelcher Diätfehler bewußt wäre. Diese »Blackouts« kriege ich am besten mit meiner »Suppen-Brei-Therapie« in den Griff.

Die »Alarmzeichen« kennt jeder Spruepatient, ich erspare Ihnen die nähere Erläuterung. Bei den ersten Anzeichen lasse ich feste Nahrung weg, und für einige Tage gibt es ausschließlich Püriertes: Karottensuppe, Spinatsuppe, Kartoffelbrei mit ganz wenig Butter, Apfelmus, Maisgrießpudding, Buchweizensuppe und so weiter. Eigentlich ist es »Babynahrung«, ich nenne sie aber großspurig »Weltraum-Nahrung«. Die spartanisch anmutende Kost beruhigt die Turbulenzen im Darm,

und schon nach wenigen Tagen verspüre ich eine deutliche Besserung. Der Pürierstab bekommt längere Ruhepausen, und peu à peu gibt es wieder die gewohnte Kost.
Während und nach solchen Attacken sind mehrere kleine Mahlzeiten sinnvoller als ein komplettes Menü, zu dem ohnehin der nötige Appetit fehlt. Bis zum Abklingen der Beschwerden sind leicht verdauliche und eventuell pürierte Speisen ratsam. Bevor Sie eine selbst zusammengestellte Diät ausprobieren, sollte unbedingt eine Rücksprache mit dem Arzt erfolgen!

Der Tag nach der Diagnose

Überwiegend bekommt der Betroffene die Diagnose Zöliakie oder Sprue nach abgeschlossenen Untersuchungen im Krankenhaus gestellt. Der Tag danach beginnt mit völlig neuen Ernährungsregeln. Ihr Arzt wird sich mit der einzig möglichen Therapieempfehlung verabschieden: *Glutenfreie Diät!*
Es kann durchaus möglich sein, daß Sie das Wort *Gluten* zum ersten Mal in Ihrem Leben hören und sich ein bißchen verloren vorkommen. Keine Bange, es ist keine Bildungslücke, wenn Sie nicht wissen, was Gluten ist. Unzählige Ärzte wissen es nämlich auch nicht. Noch dazu sprechen die meisten *Gluten* und *Sprue* völlig falsch aus.
Apropos: Gluten wird mit einem langgedehnten »e« ausgesprochen, und bei Sprue lassen Sie bitte das »e« in der Endung weg und sprechen dafür das »u« langgezogen – so wie bei Kuh.
Erwarten Sie nicht, daß Ihnen der Arzt das komplexe Thema der glutenfreien Diät erklärt. Kompetente Diätberatung gibt es nur bei den Zöliakie-Selbsthilfegruppen, und natürlich bei Diätfachkräften in Kranken- und Reformhäusern.
Die Krankheit Zöliakie/Sprue, von der Sie bisher noch nie gehört haben, wird für einige Zeit zum Dreh- und Angelpunkt Ihres Tagesablaufs. Die Lektüre besteht zunächst aus zahlreichen Informationsbroschüren, Diätfahrplänen und medizinischen Berichten über »Ihre« Krankheit. Bis dahin unbekannte Worte und Begriffe bereichern ab jetzt nicht nur den Speiseplan, sondern vielmehr den medizinischen Wortschatz des Zöliakiekranken.
Der erste und wichtigste Schritt: *Verbannen Sie alle glutenhaltigen Lebensmittel aus Ihrer Küche!*
Der zweite Schritt: *Der Weg ins Reformhaus, denn Sie brauchen zumindest glutenfreies Brot!*

Der dritte Schritt: *Koch- und Backbücher, die glutenfreie Diät besser verständlich machen!*
Siehe Literaturhinweise auf Seite 272 ff.

Beim ersten glutenfreien Einkauf werden Sie über die vielfältigen Diätprodukte staunen, die speziell für Zöliakiekranke entwickelt wurden. Nutzen Sie beim Einkauf im Reformhaus die Möglichkeit zu einem Kontaktgespräch mit einer Diätberaterin. Irgendwann treffen Sie garantiert einen Leidensgenossen am Regal für glutenfreie Lebensmittel, der Ihnen ganz sicher mit Rat und Tat zur Seite stehen wird. Dies sind nur zwei von vielen Möglichkeiten, die anfänglichen Probleme leichter zu bewältigen. Denken Sie immer daran:
Sie stehen mit der Krankheit nicht alleine auf der Welt!
Zöliakie ist ein weltweites Thema. Nutzen Sie die Möglichkeiten internationaler Begegnungen, jeder Betroffene rund um den Globus profitiert davon.

Tips für Selbstversorger und Singles

Nicht jeder »Zöliakio« hat das Glück, von fürsorglichen Familienangehörigen verköstigt zu werden. Auch wenn er in eine familiäre Gemeinschaft eingebettet ist, bleibt er mit seinem glutenfreien Essen, das durchaus mit »normaler« Kost konkurrieren kann, der Außenseiter.
Portionsgerechtes Kochen ist nicht so leicht, wie es auf den ersten Blick scheint. Bereits der Einkauf wirft einige Probleme auf, denn in Supermärkten gibt es fast nur die im Trend liegenden Vier-bis-sechs-Personen-Mengen. Es ist schon eine rare Kunst, für den Single-Haushalt mengenmäßig richtig einzukaufen.
Die Menüs, die einem appetitlich aus dem Tiefkühlregal des Supermarktes entgegenlächeln und auf eine Vollendung in der häuslichen Mikrowelle warten, sind für den Single ideal – wenn er nicht zöliakiekrank ist!
Ob wohl jemals ein Lebensmittelhersteller auf die Idee kommen wird, die Fertigmenüs anstatt mit glutenhaltigem Weizenmehl mit glutenfreier Speisestärke bzw. mit glutenfreien Mehlen zu produzieren?
Es wartet auch keine glutenfreie Version einer »Nudel-Schnellterrine« auf den kleinen Hunger des Zöliakiekranken. Auch an der rustikalen Quick-Imbißbude oder am eleganten Theaterbuffet oder im zukunftsorientierten Fast-Food-Restaurant bleibt der Zöliakiekranke hungrig. Denn außer Pommes frites wird er nichts finden. Bleibt natürlich die bange Frage, ob in dem Fritierfett nicht vorher glutenhaltige Schnitzel gegart wurden.
Unterwegs ist Selbsthilfe im wahrsten Sinne des Wortes angesagt! Die unspektakulärste Methode, den Zwischendurch-

Hunger zu stillen, sind Nüsse und getrocknetes Obst, die problemlos neben ein paar Scheiben Knäckebrot und einer Knabbersalami in jeder Jackentasche Platz finden. Während in Theaterpausen alles ans Buffet drängelt und nach Canapés oder Würstchen grabscht, fische ich in meinen Anzugtaschen nach dem Pausen-Snack. Diese Krankheit macht erfinderisch! Fast jeder improvisiert auf irgendeine Weise …

Manche »Zöliakios« nehmen angeblich ein Waffeleisen in den Urlaub mit, um sich glutenfreies Waffelbrot selbst zu backen. Bevorzugen Sie lieber ein glutenfreies Knäckebrot und Waffeln aus dem Reformhaus im Urlaub. Nicht jeder Hotel- oder Pensionsbesitzer bricht in Begeisterung aus, wenn Sie die hohe Kunst des glutenfreien Waffelbrotbackens im Zimmer oder auf dem Balkon des Hotelzimmers vorführen.

Es sei denn, Sie machen Natur-pur-Urlaub, campieren im Freien und backen Ihre Waffeln auf offener Flamme.

Bei Einladungen zum Essen ins Restaurant oder zu einer Party gibt es mitunter peinliche Situationen. Sagen Sie besser dem Gastgeber vorher, warum glutenhaltige Speisen für Sie nicht in Frage kommen. Bei Tisch sind die Erklärungen zu spät!

Kaum ein Gastgeber sieht es gerne, wenn sein angebotenes Mahl verschmäht wird. Und vor allem in orientalischen Ländern werden derartige Ablehnungen als schwere Beleidigung empfunden!

Täglich im Restaurant zu speisen ist für viele Zöliakiekranke aus finanziellen Gründen ausgeschlossen. Wer in einer preiswerten Werkskantine glutenfreies Essen findet, darf sich mit Recht als Glückspilz bezeichnen.

Glutenfrei essen ist fast immer eine »Solonummer«. Singles, die sich ihre Diätmahlzeiten selbst zubereiten müssen, jedoch gar kein Talent zum Kochen haben, fühlen sich in der Küche meist auf verlorenem Posten. Da glutenfreie Fertigmenüs kaum zu finden sind, muß der spruekranke Single, so er sich einen Diätkoch nicht leisten kann, seine Mahlzeiten selbst kochen.

Die Speisen sollten möglichst vitamin-, mineralstoff-, nährstoff- und abwechslungsreich sein – und natürlich auch frisch zubereitet. Hier liegt jedoch der wunde Punkt, denn oft mangelt es an der nötigen Zeit. Oder man kommt mit riesengroßem Appetit, aber verschwindend geringer Lust aufs Kochen von der Arbeit oder vom Sport nach Hause.
Freilich kann man größere Mengen vorkochen oder vorbakken, einfrieren und bei Bedarf in der Mikrowelle vollenden. Aber frisch zubereitet schmeckt's auch in der glutenfreien Küche am besten. Wer sein Essen selbst zubereiten muß, findet im nachfolgenden Rezeptteil viele typische Single-Menüs, die im Handumdrehen auf dem Tisch stehen.
Falls Sie noch nicht mit einem »Wok« kochen und braten: die halbrunde »Pfanne« aus Asiens Küchen ermöglicht rasches Garen von feingeschnittenem Fleisch, Fisch, Geflügel und Gemüse. Ein kleiner Wok, in dem bis zu zwei Portionen zubereitet werden können, ist für den Single-Haushalt ideal. Das zeitsparende und vitaminschonende Kochen und Braten im Wok hat sich in der glutenfreien Küche besonders bewährt. Vor allem, wenn es schnell gehen muß! Ein guter Rat: Kaufen Sie kein Billig-Modell aus Blech im Asienladen, sondern lieber gleich einen gediegenen!

Zu den Rezepten

Nach Bedarf können die Zutaten fast aller Rezepte ausgetauscht werden, ohne daß dadurch das Gelingen in Frage gestellt wäre. Bei Lactoseintoleranz darf jedoch nicht die im Rezept angegebene Milch verwendet werden, hier muß auf lactosefreie Kokos-, Mandel-, oder Sojamilch ausgewichen werden.
Dies gilt natürlich auch für Butter, Öl und alle anderen Fette. Bei Fettverdauungsstörungen dürfen ausschließlich MCT-Diät Margarinen und Öle aus dem Reformhaus verwendet werden! Wenn im Rezept Zucker angegeben ist, aber aus medizinischen Gründen kein Zucker verwendet werden darf, muß ersatzweise Zuckeraustauschstoff zum Kochen oder Backen genommen werden.
Daß sämtliche Zutaten glutenfrei sein müssen, versteht sich von selbst. Dies gilt auch für geringe, aber wichtige Ingredienzen wie Backaromen, Backpulver oder Würzen. Anfänger, denen meist die Erfahrung und Übung beim glutenfreien Bakken fehlt, machen mitunter kleine Fehler, die großen Kummer bereiten.
Kürzlich fragte mich ein Leidensgenosse, warum denn sein glutenfreies Brot, mit dem er sich gar so viel Mühe gegeben hatte, wie tot im Backofen liegt und überhaupt nicht hochgeht? Die Antwort lag in seinem Kühlschrank. Dort hatte er nämlich die Hefe vergessen!
Sollte Ihnen ein ähnlicher Fehler passieren, machen Sie es beim nächsten Mal besser. Werfen Sie mißlungenen Kuchen oder Brot nicht weg, denn es läßt sich alles wiederverwerten. Getrocknet und zu Bröseln gerieben kann verunglücktes Gebäck zum Ausstreuen der Backform, zum Panieren, zum Bestreuen von Obstkuchenböden und zum Binden von Suppen und Saucen verwendet werden.

Systematisches Arbeiten in der Küche macht sich bezahlt. Stellen Sie alle Zutaten und die nötigen Werkzeuge in der Reihenfolge, wie sie gebraucht werden, zurecht. Glutenfreies Backen erfordert absolut genaues Wiegen und Messen! So können Mißgeschicke von vornherein ausgeschlossen werden. Bekanntlich gesellen sich bei Zöliakiekranken gerne weitere Unverträglichkeiten hinzu, wie zum Beispiel Allergien gegen Nüsse oder diverse Obst und Gemüsesorten. Achten Sie bitte bei jedem Rezept, ob nicht etwa eine Zutat dabei ist, die Sie nicht vertragen! Die Zutaten sind variabel, ohne daß dabei der Charakter des jeweiligen Rezeptes verlorengeht. Ein Kuchen, für den Haselnüsse im Rezept angegeben sind, die aber wegen Allergie nicht verwendet werden dürfen, wird durch die Verwendung von Mandeln oder Walnüssen nicht minderwertiger. Das trifft auch für Gemüse und Früchte zu. Blanchiert sind die meisten bekömmlicher. Wenn Sie auf Erdbeeren allergisch reagieren, einfach andere Beeren verwenden.

Im folgenden Rezeptteil habe ich für Sie Gerichte aus aller Herren Länder ausgewählt. Da manche im Original nicht glutenfrei waren, wurden die Zutaten ausgetauscht und durch glutenfreie ersetzt. Sämtliche Rezepte wurden nachgekocht oder nachgebacken.
Somit ist jedes Rezept auf sein Gelingen geprüft!

Ich wünsche Ihnen erfolgreiches Kochen, Backen und viel Freude an den internationalen Rezepten!

Ihr Hubert Forberger

Nahrungsmittelauswahl bei Zöliakie/Sprue

Strikt verboten sind die glutenhaltigen Getreide

- Dinkel, Grünkern, Gerste, Hafer, Roggen, Weizen, Wildreis und alle daraus hergestellten Mehle, Grützen, Flocken, Grießsorten, Teigwaren, Kuchen und Kekse.
- **Brot** – auch Knäcke-, Waffelbrote und Gebäcke aus den oben erwähnten Getreidesorten sind tabu.
- **Soja-Produkte,** vor allem Soja-Teigwaren und Soja-Saucen (Vorsicht: »Shoyu« ist mit Weizen vergoren und daher glutenhaltig!) sowie **pikante Brotaufstriche** und Pasteten können Gluten enthalten.
- **Käse und Milchprodukte,** die mit Cerealien oder anderen glutenhaltigen Beigaben angereichert wurden, sind verboten.
- **Malz wird aus glutenhaltigem Getreide hergestellt!** Meiden Sie sämtliche Produkte, die Malz enthalten. Sogenanntes Backmalz darf zum glutenfreien Backen nicht verwendet werden!
- **Cornflakes und Müsli** werden oft mit Malz verfeinert. Manche Produkte sind deshalb für Zöliakiekranke ungeeignet.
- **Cola-** und **Kakaogetränke, Schokopulver, Kaffee-Surrogate** und **Instant-Kaffeepulver** können ebenfalls Malz enthalten!
- **Süßwaren,** Bonbons, Hustenbonbons und -säfte sind durch den Zusatz von Malz glutenhaltig.
- **Eiscremes, Nuß-Brotaufstriche** und **süße Frühstückscremes** sowie **Schokoladen und Pralinen** werden bei der Herstellung gerne mit Malz verfeinert. Somit können sie Gluten enthalten!

- **Saucen, Mayonnaisen, Dressings, Suppen-** und **Saucenpulver** sowie **Kartoffelpüreepulver** können glutenhaltige Bindemittel enthalten.
- In **Wurstwaren, Fleischkonserven, Fertigmenüs, Tiefkühlprodukten** und **Fischmarinaden** kann Gluten enthalten sein.
- **Panierte Fisch-, Geflügel** und **Fleischprodukte** werden fast ausschließlich mit glutenhaltigen Zutaten hergestellt.
- **Gewürz-Fertigmischungen, Senf, Ketchup, Sojasauce** und **Flüssigwürzen** enthalten manchmal Gluten.
- Auch in **Medikamenten** kann Gluten enthalten sein!

Nicht verbotene Lebensmittel

Manche Lebensmittel sind absolut glutenfrei, doch für Zöliakiekranke trotzdem **nicht empfehlenswert.**

- Das sind **fette Wurst-** und **Fleischwaren,** Geräuchertes, Gepökeltes und Produkte mit scharfen Gewürzen.
- **Schwer verdauliches Gemüse** und alle blähenden Hülsenfrüchte wie weiße Bohnen, getrocknete Linsen und gelbe Erbsen.
- **Manche Obstsorten** wie Kiwi, Zitrusfrüchte oder säurereiches Stein- und Kernobst können ebenfalls Beschwerden hervorrufen.
- **Pilze und Pilzgerichte** sind für manche Zöliakiepatienten besonders problematisch, da relativ schwer verdaulich.
- **Gehärtete Pflanzenfette, Schmalz** und **gehärtete Brat-** und **Fritierfette** sollten gänzlich gemieden werden.
- **Starker Bohnenkaffee** und **starker schwarzer Tee,** säurereiche Fruchtsäfte und Multivitaminsäfte sind nicht empfehlenswert. Meiden Sie **kohlensäurehaltige** und **alle alkoholischen Getränke!** Diät-Bier oder alkoholfreies Bier sind wie normales Bier aus glutenhaltigen Zutaten gebraut!

Ohne Einschränkung erlaubte Lebensmittel

- Die glutenfreien Getreide und Körner wie Amaranth, Buchweizen, Hirse, Mais, Reis und Quinoa sowie alle daraus erzeugten Mehle, Grießsorten, Grützen und Flocken.
- Alle glutenfreien Diät-Produkte, Brot, Gebäck, Snacks, Teigwaren, Kuchen etc., die aus den oben genannten Getreiden hergestellt wurden.
- Speisestärke aus Mais, Kartoffelmehl bzw. Kartoffelstärke, glutenfreie Bindemittel, Biobin, Guarkernmehl, Gelatine, Agar-Agar, Kartoffeln und daraus hergestellte Produkte ohne glutenhaltige Zusatzstoffe.
- Gemüse und Salate dürfen je nach Verträglichkeit uneingeschränkt verwendet werden.
- Glutenfreie Pasteten und vegetarische Aufstriche.
- Tiefkühlgemüse, Tiefkühlobst, aber nur, wenn es keine glutenhaltigen Zusätze enthält.
- Frisches Obst und getrocknete, ungeschwefelte Früchte.
- Nüsse, Samenkörner, Nußpasten ohne Zusätze.
- Sojabohnen, Tofu, Sojagetränke, Sojamehl, Sojasaucen, die ohne Weizen vergoren sind: Tamari und »Guadalquivir«.
- Eier, Frischmilch, Quark und Käse, Sauermilcherzeugnisse, Sahne.
- Magere Fleischsorten, Geflügel, Wild.
- See- und Flußfisch und alle Meeresfrüchte.
- Butter, Butterschmalz, ungehärtete Pflanzenfette und -margarinen, kaltgepreßte Öle, Maiskeimöl, Sonnenblumenöl.
- Kräuter, Trockengewürze, Obst- und Weinessig, Meersalz, auch frische Zwiebeln und Knoblauch sind nach Verträglichkeit erlaubt.
- Honig, Rohr- und Rübenzucker, Marmeladen, Fruchtzucker.
- Früchte- und Kräutertees, Mineralwasser, Fruchtsäfte, entcoffeinierter Tee und Kaffee.

Meiden Sie alle Produkte, die nicht als glutenfrei zu erkennen sind! Im Zweifelsfall sollte lieber auf eine Ware verzichtet werden.

Es bleibt trotzdem eine Menge »ungefährlicher« Lebensmittel übrig, mit denen eine abwechslungsreiche Ernährung möglich ist.

> Die Angaben über erlaubte und verbotene Lebensmittel sind lediglich als Orientierungshilfe gedacht. Die Verträglichkeit einzelner Lebensmittel kann nicht garantiert werden. Vollständige Listen wird es vermutlich nie geben. Denn es drängen ständig neue und immer häufiger manipulierte Produkte auf den Markt. Viele Hersteller nutzen die Lücken der Lebensmittelgesetze zum Nachteil allergiekranker Menschen.

Glücklicherweise haben Zöliakiekranke in den meisten Ländern Einkaufshilfen in Form von laufend aktualisierten Broschüren, in denen Lebensmittel unter die Lupe genommen wurden.
Die beiden Hefte *Aufstellung glutenfreier Lebensmittel und Aufstellung glutenfreier Medikamente* der Deutschen Zöliakie-Gesellschaft sind unentbehrliche Einkaufsberater!

REZEPTTEIL

Frühstücken wie ein König

Es muß nicht immer Milch von der Kuh sein! Die Frühstücksrezepte gelingen mit Soja-, Mandel- oder Kokosmilch genauso gut.

Milch-Alternativen

Mandelmilch

Ergibt ca. 1 l Mandelmilch:

200 g Mandeln
1 l kochendes Wasser
1 l kaltes Wasser
1 Prise Salz

Die Mandeln mit 1 l kochendem Wasser übergießen und 10 Minuten ziehen lassen. Das Wasser abgießen. Die Mandelhaut abziehen. Die weißen Mandeln und 1 l kaltes Wasser mit dem Mixstab ca. 5 Minuten pürieren. Mandelmilch abseihen und kalt stellen.

Tip: Die Mandelmasse aus dem Sieb trocknen lassen und für Saucen, Kuchen- oder Mürbteig verwenden.

Kokosmilch

Ergibt 1 l:

200 g Kokosraspel
1 l Wasser
1 Prise Salz

Die Kokosraspel mit Wasser aufkochen. Mit dem Pürierstab ca. 5 Minuten mixen. Die Kokosmilch abseihen und kalt stellen.

Tip: Die Kokosmasse aus dem Sieb trocknen lassen und für Saucen und Gebäck verwenden.

Die Frühstücksrezepte sind für 1–2 Personen berechnet.

Kakaogetränk mit Mandelmilch

Schweiz

1 TL Kakaopulver
2 EL Honig
$^{1}/_{4}$ l Mandelmilch

Kakaopulver mit Honig verrühren und mit heißer Mandelmilch aufgießen.

Tip: Das Kakaogetränk mit Banane mixen und eisgekühlt genießen.

Buchweizen-Porridge

England

1/4 l Milch
4–5 EL Buchweizenflocken
1 TL Butter
1 EL Sultaninen
1 EL Nüsse oder Mandeln, grob gehackt
2–3 EL Ahornsirup
1 Prise Zimt

Die Milch mit Buchweizenflocken, Butter und den Sultaninen ca. 2 Minuten kochen. Nüsse oder Mandeln dazugeben. Mit Ahornsirup süßen und mit einer Prise Zimt aromatisieren.

Tip: Kleingeschnittene Trockenfrüchte wie Aprikosen, Datteln, Feigen im Porridge bringen die Verdauung in Schwung.

Hirseflockenbrei

Deutschland

1/4 l Milch
4–5 EL Hirseflocken
2 EL Honig
1/2 TL Vanillezucker
1–2 EL Schokoladenspäne, edelbitter

Die Milch mit den Hirseflocken aufkochen und vom Feuer nehmen. Zugedeckt etwa 3 Minuten quellen lassen. Mit Honig süßen und mit Vanillezucker bestreuen. Nach Belieben mit Schokospänen bestreuen.

Tip: Hirseflockenbrei mit Kirschkompott ist eine schnelle und beliebte Kindermahlzeit.

Birchermüsli

Schweiz

3 EL Hirseflocken
3 EL Buchweizenflocken
1 EL Sultaninen
1 EL gehackte Walnüsse oder Mandeln
1 Apfel, geschält, gerieben und mit etwas Zitronensaft beträufelt
1/4 l Milch

NACH BELIEBEN:
Honig oder Rohrzucker

Alle Zutaten zu einem Brei verrühren und mindestens 15 Minuten quellen lassen. Mit Honig oder Rohrzucker süßen und servieren.

Tip: Bei Verdauungsproblemen ist es ratsam, die Hirse- und Buchweizenflocken mit Milch aufzukochen.

Zaziki-Joghurt-Quark

Griechenland

200 g Quark (40% Fettgehalt)
200 g Joghurt
1 Stück Gurke, geschält und geraspelt
1 EL Dillspitzen, gehackt
½ Knoblauchzehe, durch die
Knoblauchpresse gedrückt
1 Prise Salz
1 Prise Pfeffer
Zitronenscheiben
Minzeblätter und Oliven zum Garnieren

Alle Zutaten mischen und kalt stellen. Mit Zitronenscheiben, Minzeblättern und Oliven dekorieren. Servieren Sie dazu frisch getoastetes Brot zum Stippen.

Tip: Wer Knoblauch nicht mag, darf Schnittlauch verwenden.

Hirse-Früchte-Joghurt

Belgien

6 EL Hirseflocken
200 g Joghurt
150 g saure Sahne
1 Mandarine, geschält, entkernt und
enthäutet
(ersatzweise Mandarinenspalten aus der Dose)
1 Kiwi, geschält
1 Scheibe frische Ananas (wahlweise aus der Dose)
2 EL hellrote Kirschen, aus dem Glas

Hirseflocken mit Joghurt und saurer Sahne mischen. Mandarine, Kiwi und Ananas kleinschneiden und unter den Joghurt rühren.

Mit Kirschen garniert servieren.

* Zuckerfrei nur bei der Verwendung von frischen oder ungezuckerten Früchten!

Tip: Den Hirse-Joghurt mit frischen Beeren zubereiten.

Orangen-Bananen-Milch

Spanien

¼ l Milch
1 Blutorange, geschält, enthäutet, entkernt und in kleine Stücke geschnitten
1 Banane, in Scheiben geschnitten
1 Orangenscheibe zum Garnieren

Die Milch mit Orangen- und Bananenstücken mit dem Pürierstab mixen. Die Orangenscheibe einschneiden und an den Glasrand klemmen. Das Mix-Getränk kann heiß oder kalt serviert werden.

Tip: Mit Kokosmilch zubereitet schmeckt dieses Getränk noch erfrischender!

Aprikosen-Mandel-Milch mit Karotten

Italien

1/4 l Milch
1/8 l Orangensaft
2 kleine Karotten, geschält und würfelig geschnitten
4 Aprikosen (ohne Kern), nur voll ausgereifte Früchte verwenden! (ersatzweise 8 Aprikosenhälften aus der Dose)
3 EL gemahlene weiße Mandeln
1 EL Öl

Alle Zutaten 3 Minuten mit dem Pürierstab mixen. Lassen Sie das Öl nicht weg, sonst sind die fettlöslichen Vitamine wertlos!

Buttermilch-Pfannkuchen *USA*

$\frac{1}{4}$ l Buttermilch
1–2 EL Ei-Ersatz (Sybille-Diät,
aus dem Reformhaus)
4 EL Maisstärke
2 EL Kartoffelstärke
1 TL »Biobin«-Johannisbrotkernmehl
1 EL Zucker
1/2 TL Backpulver
1 Prise Salz

ZUM AUSBACKEN:
3 EL flüssiges Butterschmalz

NACH BELIEBEN:
Kräuterkäse
Preiselbeeren oder Pflaumenmus

Die Zutaten mit dem Schneebesen verrühren. Den Teig ca. 7 Minuten quellen lassen – er muß zähflüssig sein. Falls nötig, mit etwas Milch verdünnen. Den heißen Pfannenboden mit Butterschmalz bepinseln. Pro Pfannkuchen eine kleine Schöpfkelle Teig durch leichtes Kippen der Pfanne auseinanderfließen lassen. Bei schwacher Hitze auf jeder Seite ca. 3 Minuten goldbraun backen. Heiß servieren und mit beliebiger Füllung bestreichen.

Tip: Der Teig kann auch in einem Waffeleisen gebacken werden! Die aufeinandergestapelten Buttermilchpfannkuchen mit Schokosauce oder Ahornsirup übergießen und mit Erdbeeren und frisch geschlagener Sahne verzieren.
Anstelle von Ei-Ersatz können natürlich auch 1–2 Eier verwendet werden!

Quinoa-Mais-Pfannkuchen

Peru

5 EL Quinoa
5 EL Milch
¼ l Milch
2 Eier
3 EL Maiskörner (aus der Dose)
2 EL Maisstärke
1 EL Honig
1 TL »Biobin«
1 Prise Salz
1 Msp Backpulver

ZUM AUSBACKEN:
2 EL flüssige Butter oder Öl

Quinoa und 5 EL Milch in einer feuerfesten Schale vermischen und im Wasserbad 7 Minuten kochen. Mit den restlichen Zutaten verrühren. Den Teig ca. 5 Minuten quellen lassen. Er sollte zähflüssig sein; falls nötig, mit etwas Milch verdünnen. Ausbacken wie im Rezept Buttermilch-Pfannkuchen beschrieben.

Amaranth-Puffer

Bolivien

5 EL Amaranthkörner
5 EL Wasser
¼ l Milch
2 EL Maismehl
2 EL Maisstärke
3 EL Kartoffelpüreepulver, glutenfrei
1 TL Ei-Ersatz (Sybille-Diät, aus dem Reformhaus)
1 TL »Biobin«-Johannisbrotkernmehl
½ TL Salz
½ TL Zucker
1 Prise Pfeffer

ZUM AUSBACKEN:
2 EL flüssige Butter oder Öl

Amaranth und 5 EL Wasser in einer feuerfesten Schale mischen und im Wasserbad 7 Minuten kochen. Mit den restlichen Zutaten durchrühren. Den Teig ca. 5 Minuten quellen lassen. Fett in der Pfanne erhitzen. Löffelweise aus dem Teig Puffer formen, und auf beiden Seiten goldbraun backen.

Varianten:

Amaranth-Käse-Puffer

Die Puffer mit ca. 150 g geriebenem Käse, Gouda oder Emmentaler, bestreuen und überbacken.

Amaranth-Puffer mit Backpflaumen

Ca. 8 Backpflaumen kleinschneiden und unter den Teig mischen. Knusprig braun backen und mit Vanille-Puderzucker bestreuen.

Cornflakes mit Ahornsirup und Haselnüssen

Kanada

8 EL glutenfreie Cornflakes
4 EL Ahornsirup
1 EL Butter
2 EL Haselnüsse, grob gehackt
¼ l heiße Milch
1 Prise Zimt

Die Cornflakes mit Ahornsirup mischen. Die Haselnüsse in Butter rösten und über die Cornflakes streuen. Die Milch darübergießen. Mit einer Prise Zimt bestreuen und servieren.

Apfeljoghurt

Türkei

2 EL Butter
3 EL Zucker
5 EL Wasser
2 kleine Äpfel
1 TL Zitronensaft
2 EL Sultaninen
1 EL Pinienkerne
1 EL gehackte Mandeln
250 g Joghurt
1/2 Päckchen Vanillezucker

NACH BELIEBEN:
Honig

FÜR DIE DEKORATION:
frische Minze
1 Zitronenscheibe

Butter und Zucker in einer Kasserolle erhitzen und karamelisieren lassen. Mit Wasser löschen und den Karamel loskochen. Die Äpfel schälen, das Kerngehäuse ausstechen. Äpfel in kleine Würfel schneiden und mit Zitronensaft beträufeln. Äpfel und Sultaninen zum Karamel geben und ca. 5 Minuten dünsten. Die Pinienkerne und Mandeln unterrühren. Vom Feuer nehmen und erkalten lassen. Den Joghurt mit der Apfelmasse vermischen. Mit Vanillezucker abschmecken und mit Honig nach Belieben süßen. Eisgekühlt mit Zitronenscheibe und Minzblatt garniert servieren.

Maisgrießbrei mit Orangeat
Italien

$^{1}/_{4}$ l Milch
1 TL Butter
3–4 EL Maisgrieß
2 EL Honig
2 EL Orangeat, klein geschnitten
2 EL Orangensirup

Die Milch aufkochen. Maisgrieß und Honig dazugeben und unter ständigem Rühren 2 Minuten kochen. Orangeat in den Brei rühren. Mit Orangensirup beträufeln und servieren.

Mandelpfannkuchen
Griechenland

$^{1}/_{8}$ l Milch
5 EL gemahlene Mandeln
2 EL Maisstärke
1 TL »Biobin«-Johannisbrotkernmehl
1 TL Ei-Ersatz (Sybille-Diät, aus dem Reformhaus)
1 TL Honig
1 Prise Salz

ZUM AUSBACKEN:
2 EL flüssige Butter oder Öl

Alle Zutaten zu einem Teig verrühren. Ca. 5 Minuten quellen lassen. Der Teig sollte zähflüssig sein. Eventuell etwas Milch unterrühren. Dünne Pfannkuchen backen und bis zum Servieren warm stellen.

Tip: Die Pfannkuchen eignen sich für süße oder pikante Füllungen.

Amaranth-Hirse-Quinoa-Brei **Chile**

2 EL Amaranth
2 EL Hirse
2 EL Quinoa
1 EL Sultaninen
1 EL getrocknete Aprikosen, klein geschnitten
¼ l Milch
Ahornsirup oder Honig nach Belieben
1 Prise Zimt

Alle Zutaten in einer feuerfesten Schale mischen. Im Wasserbad zugedeckt ca. 10 Minuten kochen. 5 Minuten ausquellen lassen. Den Brei mit Ahornsirup oder Honig süßen und mit einer Prise Zimt verfeinern.

Hirseflocken-Pfannkuchen mit Früchten

Deutschland

4–5 EL Hirseflocken
1 EL gemahlene Mandeln
1 EL Maisstärke
1 EL Honig
1/8 l Sojamilch
1 TL Ei-Ersatz (Sybille-Diät, aus dem Reformhaus)
1 TL »Biobin«-Johannisbrotkernmehl
1/2 TL Backpulver
1 Prise Salz

ZUM AUSBACKEN:
1 EL Butter oder Öl

ZUM BELEGEN:
1 Pfirsichhälfte (aus der Dose)
1 Kiwi
1 EL hellrote Kirschen (aus dem Glas)

ZUM BESTREUEN:
Vanille-Puderzucker

Die Zutaten mit dem Schneebesen verrühren. Den Teig ca. 7 Minuten quellen lassen. Kiwi schälen. Pfirsich in Streifen und Kiwi in Scheiben schneiden. Fett in der Pfanne erhitzen. Pfannkuchen auf kleiner Flamme auf jeder Seite ca. 5 Minuten knusprig braun ausbacken. Den Pfannkuchen mit Früchten dekorieren und mit Vanille-Puderzucker bestreuen.

Grapefruit mit Krabben

USA

1 Grapefruit
150 g Krabben, frisch oder tiefgekühlt
2 EL Miracel Whip
2 EL saure Sahne
1 Prise Zucker
1 Prise Currypulver

Grapefruit halbieren, das Fruchtfleisch herauslösen und würfelig schneiden. Mit den restlichen Zutaten mischen und die Grapefruithälften füllen. Mit frischem Dill und Cocktailkirsche garnieren.

Suppen

Suppen spielen in der Diät des Zöliakiekranken eine besondere Rolle. Während akuter Krankheitsphasen ist Suppe oft die einzig akzeptable Nahrung. Zur Vorbereitung auf Darmuntersuchungen gibt es meist mehrere Tage lang nichts anderes als klare Kraftbrühen.

Grundrezepte für selbstgemachte Brühe

Feine Gemüsebrühe

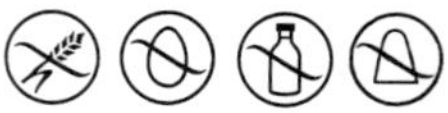

Für ca. 1 l klare Brühe:

1 Bund frisches Suppengrün, bestehend aus:
Karotten, Sellerieknolle und -grün, Lauch,
Petersilienwurzeln und -grün, dazu 1 Zwiebel,
2 Tomaten, 4 Pfefferkörner, 1 Lorbeerblatt,
frisches oder getrocknetes Liebstöckel
½ Muskatnuß,
½ Knoblauchzehe
1 TL Salz
2 ½ l Wasser

Das Suppengemüse mit einer Gemüsebürste säubern. In Stücke schneiden. Die Zwiebel halbieren, die Schale wird mitgekocht. Die Tomaten zerteilen, die Stielansätze ausschneiden. Das Gemüse und die Gewürze in einen großen Topf geben. Wasser darübergießen und aufkochen. Auf kleiner Flamme ca. 3/4 Stunden kochen. Die Flüssigkeit sollte um mehr als die Hälfte reduziert, also eingekocht werden. Die Gemüsebrühe abseihen und nach Belieben abschmecken.

Tip: Kochen Sie Brühe im Schnellkochtopf, das spart Zeit und Energie! Klare Gemüse-, Fleisch- oder Hühnerbrühe können mit flüssiger Suppenwürze verfeinert werden. Fast alle bekannten Suppenwürzen sind glutenfrei!

Fleischbrühe

Für ca. 1 l kräftige Brühe:

Dem Rezept der Gemüsebrühe noch
ca. 1 1/2 kg Rindfleisch und 2 Markknochen zufügen.

Die Brühe aufkochen. Auf kleiner Flamme ca. 1 Stunde kochen. Mit einer Fleischgabel eine Stichprobe machen. Ist das Fleisch gar, löst es sich nach dem Einstechen selbst von der Gabel. Die Brühe abseihen. Das gekochte Rindfleisch zu Gemüse servieren oder kalt für Aufschnitt oder Salat verwenden.

Hühnerbrühe

Für ca. 1 l Brühe:

Dem Rezept der Gemüsebrühe mit
2½ l Wasser noch 1 küchenfertiges Huhn
und 1 TL getrockneten Majoran zufügen.

Die Gemüsebrühe ansetzen. Das Huhn in zwei Hälften teilen und in der Brühe aufkochen. Majoran dazugeben und auf kleiner Flamme ca. ¾ Stunden kochen. Wenn ein Suppenhuhn verwendet wird, muß die Kochzeit verlängert werden! Omas Faustregel: pro Lebensjahr des Huhns 1 Stunde Kochzeit. Läßt sich der Knochen vom Hühnerbein aus dem Fleisch ziehen, ist das Huhn gar. Die Brühe abseihen und abschmekken. Das gekochte Huhn für Frikassee oder Geflügelsalat verwenden.

Tip: Falls fettfreie Brühe gewünscht wird, die Brühe kalt stellen, bis das Fett an der Oberfläche erstarrt. Das Fett läßt sich nun mit einer Schaumkelle abheben.
Eventuell gleich mehr Brühe und auf Vorrat einfrieren. Der Extrakt in Eiswürfelform ist für das Würzen und die schnelle Zubereitung von Suppen und Saucen ideal.

Die Suppenrezepte sind für maximal 3 Personen berechnet.

Avocadocremesuppe

Israel

1 vollreife Avocado
1/4 l süße Sahne
1/8 l Gemüsebrühe
1 Prise Salz
1 Prise weißer Pfeffer
1 Prise Zucker
1 TL Zitronensaft

Die Avocados schälen und halbieren. Den Stein herausnehmen. Das Fruchtfleisch in Würfel schneiden. Sahne und Gemüsebrühe aufkochen und vom Feuer nehmen. Die gewürfelte Avocado zufügen und mit dem Mixstab pürieren. Die Suppe abschmecken und kurz aufkochen.

Tip: Die Suppe mit einer Zitronenscheibe und Minzblatt garnieren.

Buchweizencremesuppe

Rußland

1 EL Butter
4 EL Buchweizenflocken
¼ l Fleischbrühe
150 g saure Sahne
1 TL Maisstärke
1 Prise Salz
1 Prise Pfeffer
1 Prise gemahlener Kümmel
1 EL gehackte Petersilie

Die Butter schmelzen und die Buchweizenflocken darin braun rösten. Mit Fleischbrühe aufgießen. 2 Minuten auf kleiner Flamme kochen. Saure Sahne und Maisstärke glattrühren und die Suppe damit binden. Die Gewürze zufügen. Mit gehackter Petersilie bestreuen, und mit einem Löffel saurer Sahne servieren.

Variante:

Hirseflockensuppe

Hirseflocken in Butter braun rösten. Weitere Zubereitung wie bei Buchweizencremesuppe. Mit frisch gehackten Kräutern servieren.

Milchcremesuppe mit Dill ***Dänemark***

¼ l Milch
⅛ l süße Sahne
1 TL Maisstärke
1 Eigelb
abgeriebene Schale von ½ unbehandelten Zitrone
1 TL Zitronensaft
Salz
Zucker
weißer Pfeffer
1 EL feingehackte Dillspitzen

Die Milch erhitzen. Sahne, Maisstärke und Eigelb glattrühren und die kochende Milch damit binden. Die abgeriebene Zitronenschale dazugeben. Mit Zitronensaft, Salz, Zucker und weißem Pfeffer abrunden. Vor dem Servieren mit Dill bestreuen.

Variante:

Dillrahmsuppe mit Krabben

Anstelle von süßer Sahne wird saure Sahne verwendet. Ca. 70 g Krabben (Shrimps) in heißer Butter schwenken und in die Suppe geben.

Erbsencremesuppe mit Schinken

Schweden

5 EL junge Erbsen,
aufgetaute Tiefkühlware
$^{3}/_{8}$ l Gemüsebrühe
$^{1}/_{8}$ l süße Sahne
je 1 Prise Salz, Zucker und Pfeffer
70 g Kochschinken, in Streifen geschnitten
1 EL Butter, frisches Kerbelkraut

Die Erbsen ca. 7 Minuten in der Gemüsebrühe kochen. Die Sahne dazugeben und mit dem Mixstab pürieren. Die Suppe abschmecken. Die Schinkenstreifen in Butter braten. Auf die Suppe geben und mit Kerbelkraut bestreut servieren.

Tip: Würstchenscheiben in Butter braten und anstelle von Schinkenstreifen auf die Suppe geben.

Käsesuppe auf Bauernart

Niederlande

1 kleine Zwiebel
1 kleine Karotte
1 Kartoffel
1 Stange Sellerie
1 EL Butter
$^{1}/_{8}$ l süße Sahne
$^{1}/_{4}$ l Hühnerbrühe
70 g Kochschinken, in Streifen geschnitten
70 g mittelalter Gouda, grob gerieben

Die Zwiebel schälen und klein hacken. Karotte und Kartoffel schälen. Mit dem Sellerie in feine Streifen schneiden. Die

Zwiebel in Butter goldbraun rösten. Das Gemüse dazugeben und kurz durchrösten. Die Sahne einrühren, die Hühnerbrühe zugießen und ca. 15 Minuten auf kleiner Flamme kochen. In Suppentassen anrichten. Die Schinkenstreifen darauf verteilen. Mit geriebenem Gouda bestreuen und überbacken.

Kürbiskernsuppe mit Speck

Österreich

1 kleine Zwiebel
1 EL Butter
4 EL getrocknete Kürbiskerne
$^1/_4$ l Fleischbrühe
150 g saure Sahne
1 TL Maisstärke
je 1 Prise Salz und Zucker
100 g durchwachsener Speck

Die Zwiebel schälen und klein hacken. In Butter goldgelb braten. Die Kürbiskerne dazugeben und durchrösten. Mit Fleischbrühe aufgießen und zum Kochen bringen. Saure Sahne und Maisstärke glattrühren und die Suppe damit binden. Kurz mit dem Mixstab pürieren. Die Suppe abschmecken. Den Speck würfelig schneiden, knusprig braten und auf die Suppe streuen.

Variante:

Sonnenblumenkernsuppe

Geröstete Sonnenblumenkerne anstelle von Kürbiskernen für die Suppe verwenden.

Tomatensuppe

Italien

1 kleine Zwiebel
1 EL Butter
1 EL Olivenöl
$^3/_8$ l Gemüsebrühe
3 Gewürznelken
1 kleines Stück Zimtrinde
1 Lorbeerblatt
1 Stück unbehandelte Zitronenschale
250 g passierte Tomaten (aus dem Tetrapack)
1 EL Tomatenmark
$^1/_8$ l süße Sahne
1 TL Maisstärke
1 TL Zucker
Zitronensaft
1 Prise weißer Pfeffer
1 Prise Salz
frische Basilikumblätter
2 EL Knoblauch-Crème-fraîche

Die Zwiebel schälen und klein hacken. In Butter und Olivenöl glasig rösten. Mit Gemüsebrühe aufgießen. Gewürznelken, Zimtrinde, Lorbeerblatt und Zitronenschale in einem Teefilterbeutel verschließen (z. B. mit einem Faden) und in die Suppe geben. Passierte Tomaten, Tomatenmark und Zucker dazugeben und ca. 15 Minuten auf kleiner Flamme kochen. Das Gewürz-Teebeutelchen herausnehmen. Sahne mit Maisstärke glattrühren und die Tomatensuppe damit binden. Mit Salz, Pfeffer und Zitronensaft abschmecken. Mit frisch gezupften Basilikumblättern und Knoblauch-Crème-fraîche servieren.

Pikante Glasnudelsuppe

Japan

100 g Glasnudeln
1 Stengel Frühlingszwiebel
100 g gekochtes Hühnerfleisch
1 EL Butter
3/8 l kräftige Hühnerbrühe
1 TL mildes Currypulver
1 Prise Kardamom
1 EL Sojasauce (»Guadalquivir«
oder Tamari aus dem Reformhaus)
1 TL Zucker
1 TL Zitronensaft
Salz und Pfeffer

Glasnudeln ca. 15 Minuten in kaltem Wasser einweichen. Frühlingszwiebel und Hühnerfleisch in dünne Streifen schneiden. In heißer Butter anbraten. Mit Brühe aufgießen. Die Glasnudeln abgetropft in die Suppe geben. Curry und Kardamom hineinstreuen und kurz aufkochen. Mit Sojasauce, Zitronensaft, Zucker, Salz und Pfeffer abschmecken.

Tip: Damit die Freude am Suppenessen durch die meterlangen Nudeln nicht gebremst wird, die Glasnudeln mit einer Küchenschere auf mundgerechte Länge zuschneiden.

Zwiebelsuppe mit Croûtons

Frankreich

2 faustgroße Gemüsezwiebeln
2 EL Butter
1 EL Öl
1/4 l kräftige Fleischbrühe
1/8 l Weißwein
1 TL Majoran
1 Prise Pfeffer
1 Prise Salz
1 Prise Zucker

FÜR DIE CROÛTONS:

6 Scheiben glutenfreies Baguettebrot
ca. 150 g geriebener Käse, mittelalter Gouda, Emmentaler oder Cheddar
1 Knoblauchzehe

Die Zwiebeln schälen und in dünne Streifen schneiden. Butter und Öl erhitzen und die Zwiebelstreifen goldgelb rösten. Mit Brühe und Weißwein aufgießen. Majoran dazugeben und auf kleiner Flamme 10 Minuten kochen. Eventuell etwas Wasser nachgießen. Die Zwiebelsuppe abschmecken.
Pro Suppenportion 2 Scheiben getoastetes Baguettebrot mit Knoblauch einreiben. Die Zwiebelsuppe in Tassen anrichten, die Brotscheiben darauflegen. Mit Käse bestreuen. Die Suppentassen in den Ofen stellen und bei starker Oberhitze knusprig braun überbacken.

Holunderbeersuppe

Deutschland

Ca. 150 g Holunderbeeren
$^1/_8$ l Wasser
2 Gewürznelken
3–4 EL Honig
$^1/_4$ l süße Sahne
1–2 EL Maisstärke
1 Prise Zimt
2 EL Butter
2 Scheiben glutenfreies Toastbrot

Die Holunderbeeren waschen und abzupfen. Mit Wasser, Gewürznelken und Honig 3 Minuten kochen. Die Sahne mit Maisstärke glattrühren und die Suppe damit binden. Mit Zimt abschmecken. Die Toastscheiben in Würfel schneiden. In heißer Butter goldbraun rösten. In die Suppentassen geben und mit Holunderbeersuppe übergießen.

Himbeerkaltschale

Österreich

2–3 EL Sago und $^1/_8$ l Wasser zum Einweichen
$^1/_8$ l echter Gebirgshimbeersaft (aus dem Reformhaus)
$^1/_8$ l Wasser
200 g Himbeeren, frisch oder Tiefkühlware

Sago in kaltem Wasser ca. 20 Minuten einweichen. Himbeersaft und Wasser aufkochen. Den Sago dazugeben und 1 Minute kochen. Die Himbeeren einrühren. Eventuell mit etwas Zucker nachsüßen. In Glasschalen portionieren und eisgekühlt servieren.

Apfelsuppe

Niederlande

1 großer Apfel (Boskoop oder Cox-Orange)
1/8 l Apfelwein oder Apfelsaft
3 EL Honig oder Rohrzucker
2 Gewürznelken
1 Stück unbehandelte Zitronenschale
1/8 l süße Sahne
1 EL Maisstärke
1 EL gehackte Zitronenmelisse

Apfel schälen und Kerngehäuse ausstechen. Den Apfel fein raspeln. Mit Apfelwein, Zucker, Nelken und Zitronenschale 2 Minuten kochen. Sahne mit Maisstärke glattrühren und die Suppe damit binden. Mit Zitronenmelisse bestreut servieren.

Tip: Die Apfelsuppe mit einem Häubchen geschlagener Sahne und mit gerösteten Mandelsplittern krönen.

Saucen und Dips

In der glutenfreien Küche muß auf Saucen keineswegs verzichtet werden!
Erst eine gelungene Sauce macht das Essen zum Genuß. Vorspeisen, Salate, Nudel-, Reis-, Kartoffel-, Fleisch- und Fischgerichte, ja sogar Nachspeisen wären ohne Sauce eine ziemlich langweilige Kost.

Die Saucenrezepte sind für 2–3 Portionen berechnet.

Helle Sauce

$\frac{1}{8}$ l süße Sahne
2 EL Maisstärke
$\frac{1}{8}$ l Gemüsebrühe
1 Prise weißer Pfeffer
1 Prise Salz
1 Prise Zucker
2 EL Crème fraîche

Sahne mit Maisstärke glattrühren. Gemüsebrühe aufkochen und mit Maisstärke binden. Die Sauce abschmecken. Mit Crème fraîche abrunden.

Tip: Helle Sauce als Basis für Kräuter-, Tomaten-, Käse-, Kapern- oder Sardellensauce verwenden.

Sahnesauce

$^{1}/_{8}$ l süße Sahne
2 EL Maisstärke
$^{1}/_{8}$ l Milch
1 EL Butter
1 TL Zitronensaft
1 Prise weißer Pfeffer
1 Prise Salz
1 Prise Zucker

Sahne und Maisstärke glattrühren. Milch und Butter aufkochen und mit Maisstärke binden. Die Sauce abschmecken.

Senfsauce

Sahnesauce zubereiten und mit 1–2 EL mittelscharfem Senf glattrühren. 1 Senfgurke klein hacken und auf die Sauce streuen.

Grüne Pfeffersauce

Sahnesauce oder helle Sauce zubereiten, 2 EL grüne Pfefferkörner aus der Dose darunterrühren.

Tip: Grüne Pfeffersauce mit Maiskörnern und roten Paprikastückchen verfeinern und zu Kurzgebratenem servieren.

Sauce hollandaise

Ein Spezialrezept, bei dem die Sauce nicht gerinnt!

120 g Butter
3 Eigelb
1 TL Zitronensaft
1 Prise Zucker
1 Prise Salz
weißer Pfeffer
$^1/_8$ l süße Sahne
1 EL Maisstärke
1 TL »Biobin«-Johannisbrotkernmehl
2 EL Wasser

Die Butter schmelzen und bis zum Siedepunkt erhitzen. Eigelbe mit Salz, Pfeffer und Zitronensaft mit dem Schneebesen schaumig rühren. Die kochendheiße Butter löffelweise einrühren. Die Sahne aufkochen. Maisstärke und Biobin mit etwas Wasser glattrühren und die Sahne damit binden. Die Sahnesauce unter die Buttersauce rühren.

Sauce hollandaise, die klassische Spargelsauce, paßt nicht nur zu zartem Gemüse. Sie eignet sich auch für Fisch und Geflügel und zum Überbacken.

Sauce béarnaise

150 g Butter
3 Eigelb
1 Schalotte
1 EL Butter
1 EL feingehackte Estragonblätter
1 TL Weinessig
$^{1}/_{8}$ *l Weißwein*
1 EL Maisstärke
2–3 EL Crème double
Salz und Pfeffer
Estragon
frischer Kerbel

Die Butter erhitzen. Die Eigelbe mit einem Schneebesen schaumig rühren. Die kochendheiße Butter löffelweise einrühren. Die Schalotte schälen, klein hacken und in 1 EL heißer Butter glasig dünsten. Weißwein aufkochen und mit Maisstärke binden. Mit den restlichen Zutaten in die Eigelb-Butter-Masse rühren. Mit Salz und Pfeffer abschmecken. Vor dem Servieren mit gehacktem Estragon und Kerbelkraut bestreuen.

Dillrahmsauce

150 g saure Sahne
2 EL Maisstärke
$^1/_8$ l süße Sahne
1 TL Zitronensaft
1 Prise Zucker
1 Prise Salz
2–3 EL feingehackter frischer Dill
ersatzweise 1 EL getrocknete Dillspitzen

Saure Sahne mit Maisstärke glattrühren. Die süße Sahne aufkochen und mit der angerührten Stärke binden. Die Sauce abschmecken und mit Dill vollenden.

Currysauce mit Früchten

2 EL Maisstärke
4 EL Wasser
250 g süße Sahne
1–2 TL mildes Currypulver
1 Prise Zucker
1 Prise Salz
1 Spritzer Zitronensaft
1 EL hellrote Kirschen aus dem Glas
2 EL Fruchtcocktail (aus der Dose) oder
frische Früchte (siehe Tip)

Die Maisstärke mit Wasser glattrühren. Die Sahne aufkochen und mit der angerührten Stärke binden. Die Sauce abschmekken und die Früchte unterrühren.

Tip: Würfelig geschnittene Kiwi, Banane, Mango anstelle von Fruchtcocktail verwenden.

Pikante braune Sauce

Eine schnell zubereitete Sauce, die zu fast allen Fleisch-, Nudel- und Kartoffelgerichten paßt!

1/8 l Gemüsebrühe
6 EL Crème double
1 TL »Biobin«-Johannisbrotkernmehl
1 EL Sardellenpaste
2–3 EL indonesische Sojasauce »Guadalquivir«
oder Tamari (aus dem Reformhaus)
1 TL Rübenkraut aus dem Glas
1 Prise Pfeffer

Die Gemüsebrühe aufkochen. Crème double mit Biobin glattrühren und die Brühe damit binden. Sardellenpaste, Sojasauce und Rübenkraut darunterrühren.

Grüne Sauce

1 mittelgroße Gewürzgurke
1 EL mittelscharfer Senf
3–4 EL Öl
1 EL Zitronensaft
1 EL Weinessig
etwas Gurkenmarinade
gehackte Kräuter: je 1 EL Basilikum, Petersilie,
Liebstöckel, Pimpinelle, Kerbelkraut, Zitronenmelisse;
ersatzweise 1–2 Päckchen tiefgekühlte Kräutermischung
Salz, Zucker und Pfeffer zum Abschmecken
1 EL feine Schnittlauchröllchen

Die Gewürzgurke in Stücke schneiden. Senf, Öl, Zitronensaft und Essig dazugeben. Nach Belieben etwas Gurkenma-

rinade aus dem Glas dazugießen. Die Kräuter zufügen und mit dem Pürierstab mixen. Die Sauce abschmecken. Mit frischem Schnittlauch bestreuen.
Zu Gemüse, Fondue, Fisch, Fleisch oder Geflügel servieren.

Tip: Die Sauce muß eine cremige Konsistenz aufweisen. Sparen Sie nicht mit frischen Kräutern. Je mehr, desto besser!

Sauce vinaigrette

4–5 EL Olivenöl
2 EL Weinessig
1 TL mittelscharfer Senf
2 TL Sardellenpaste
1 Prise Salz
1 Prise Pfeffer
1 Prise Zucker
1 EL feingehackte Estragonblätter
1 EL feingehackte Petersilie
1 EL feingehacktes Kerbelkraut

Öl, Essig, Senf, Sardellenpaste, Gewürze und Kräuter mit einem Schneebesen glattrühren. Die Kräuter dazumischen, und fertig ist die klassische Salatsauce!

Tip: Sauce vinaigrette kann mit einem hartgekochten, feingehackten Ei und mit kleingehackter Gewürzgurke verfeinert werden! Nach Geschmack die Sardellenpaste weglassen und andere Kräuter nach Belieben verwenden.

Kalte Schnittlauchsauce

200 g saure Sahne
2 EL Miracel Whip
2–3 EL süße Sahne
4–5 EL feine Schnittlauchröllchen
1 Prise weißer Pfeffer
1 Prise Zucker
1 Spritzer Zitronensaft

Saure Sahne, Miracel Whip und süße Sahne glattrühren. Den Schnittlauch zufügen. Die Sauce mit Pfeffer, Zucker und Zitronensaft abschmecken.

Variante:

Schnittlauchsauce mit kleingehackter Gewürzgurke, hartgekochtem, kleingehacktem Ei und 1 TL Meerrettich verrühren.

Sahne-Kräuter-Dip

150 g saure Sahne
4 EL Knoblauch-Crème-fraîche
4 EL süße Sahne
je 1 EL kleingehacktes Basilikum, Petersilie, Kerbelkraut, Liebstöckel, Pimpinelle, Zitronenmelisse oder 1 Päckchen tiefgekühlte Kräutermischung
1 Prise weißer Pfeffer
1 Prise Salz
1 Prise Zucker
1 TL Zitronensaft

Saure Sahne, Crème fraîche und süße Sahne glattrühren. Die Kräuter dazugeben. Abschmecken und kalt stellen.
Den Kräuter-Dip zu zartem Gemüse, Rohkost, Gegrilltem oder einfach zum Stippen mit getoastetem Brot servieren.

Ajvar-Paprikapesto

1 faustgroße Gemüsezwiebel
5 rote Paprikaschoten
6 EL Olivenöl
1 EL Tomatenmark
Salz und Pfeffer
Knoblauch nach Belieben

Die Zwiebel schälen und klein hacken. Die Paprikaschoten halbieren, Kerngehäuse und Stielansätze entfernen. Gewaschen in kleine Stücke schneiden. Zwiebel in heißem Olivenöl goldgelb rösten. Die Paprikastücke dazugeben und weich dünsten. Mit Tomatenmark, Salz, Pfeffer und zerdrückter Knoblauchzehe abschmecken. Auf kleiner Flamme einkochen. Mit dem Mixstab pürieren.
Lecker zu Fleisch oder zum Einstippen von Brot, Crackern oder Gemüse. Paßt auch zu Reis, Nudeln und Fisch.

Pesto – einmal anders

100 g Pinienkerne
1–2 Päckchen tiefgekühlte Küchenkräuter
$^{1}/_{8}$ l Olivenöl
2–3 EL Weinessig
8 grüne Oliven ohne Stein
1 TL Salz
1 TL Zucker
$^{1}/_{2}$ TL Pfeffer
1 TL abgeriebene unbehandelte Zitronenschale
nach Belieben 1 TL Meerrettich (aus dem Glas)
1 geschälte Knoblauchzehe

Alle Zutaten mit dem Mixstab pürieren. Pesto in einem Schraubdeckelglas aufbewahren. Pesto paßt zu Salaten, Fisch-, Geflügel-, Fleisch- und Kartoffel- oder Nudelgerichten.

Varianten:

Pesto mit Cashewnüssen, Mandeln, Pistazien, Sonnenblumenkernen, Walnüssen, oder gerösteten Sesamsamen zubereiten.

Geben Sie Pesto immer wieder eine andere Geschmacksnote. Dazu eignen sich frische Kräuter wie Basilikum (unabdingbar für Originalpesto), Estragon, Kerbel, Petersilie, Pimpinelle oder Zitronenmelisse besonders gut.

Kräuterbutter

200 g zimmerwarme Butter
1 TL Salz
1 Prise Pfeffer
1 TL Senf
1 TL Meerrettich (aus dem Glas)
250 g süße Sahne
1 TL getrockneter Majoran
½ Knoblauchzehe
je 1–2 EL gehackte Blätter von frischem Basilikum, Estragon, Kerbel, Liebstöckel, Petersilie, Pimpinelle, Zitronenmelisse oder 1–2 Päckchen tiefgekühlte Kräutermischung

Die Butter mit Salz, Pfeffer, Senf und Meerrettich schaumig rühren. Die Sahne mit Majoran, Knoblauch und den Kräutern mit dem Mixstab pürieren. Die Kräutersahne unter die Buttermasse rühren.
Eine Hälfte Kräuterbutter in Eiswürfelbehälter streichen und auf Vorrat einfrieren. Den Rest in Alufolie zu einer Rolle formen und kühlen.

Tip: Die Kräuterbutter in einen Spritzbeutel füllen. Rosetten auf Pergamentpapier spritzen. Im Tiefkühler hart werden lassen. Die gefrosteten Rosetten vom Papier abheben. In Plastikbehältern verschließen und im Tiefkühlschrank aufbewahren.
Überraschen Sie Ihre Gäste mit selbst hergestellten Kräuterbutter-Rosetten auf dem Steak oder der Aufschnittplatte!

Zitronenbutter

250 g Butter
1 große Zitrone, unbehandelt
1 Prise Salz
1 Prise weißer Pfeffer
nach Belieben 1 Prise Zucker

Die Butter schaumig rühren. Die Zitronenschale abreiben, den Saft der Zitrone auspressen und in die Butter rühren. Mit Salz und Pfeffer abschmecken.

Süße Saucen

Vanille-Sahnesauce

2 EL Maisstärke
4 EL Milch
250 g süße Sahne
3–4 EL Zucker
½ Vanilleschote, der Länge nach halbiert
1 Prise Salz

Die Maisstärke mit Milch glattrühren. Sahne mit Zucker, Vanilleschote und Salz aufkochen. Mit Maisstärke binden und kurz nachkochen. Die Vanilleschote herausnehmen. Das Mark herausschaben und in die Sauce rühren.
Die Sauce kann mit flüssiger Sahne verdünnt werden!

Tip: Soll die Vanille-Sahnesauce kalt serviert werden, Frischhaltefolie auf die Sauce legen, damit sich keine Haut bilden kann. Niemals Warmes in den Kühlschrank stellen! Die Sauce muß erst im Wasserbad abgekühlt werden.

Schokoladensauce

100 g Schokolade, halbbitter, glutenfrei
150 g süße Sahne

Die Schokolade in eine feuerfeste Schüssel bröckeln. Im Wasserbad schmelzen. Die heiße Schokolade mit Sahne unter ständigem Rühren aufkochen. Die Schokosauce kann heiß oder kalt serviert werden. Falls die Sauce zu fest wird, mit flüssiger Sahne verdünnen.

Erdbeersauce

200 g frische oder tiefgekühlte Erdbeeren
150 g Zucker
1 TL Zitronensaft

Die geputzten, abgebrausten Erdbeeren mit Zucker mischen. Mit dem Pürierstab cremig mixen. Mit Zitronensaft abrunden.

Heiße Himbeer-Sahnesauce

150 g Zucker
1 EL Butter
$^{1}/_{8}$ l süße Sahne
1 TL »Biobin«-Johannisbrotkernmehl
200 g Himbeeren, frisch oder tiefgekühlt

Zucker und Butter auf kleiner Flamme schmelzen. Die Sahne und Biobin einrühren und kurz aufkochen. Die Himbeeren zufügen. Mit dem Mixstab cremig pürieren. Die Himbeersauce durch ein Sieb passieren!

Varianten:

Das Rezept für heiße Fruchtsauce kann beliebig variiert werden. Statt Himbeeren können andere Beerensorten, Aprikosen, Kirschen oder Pflaumen verwendet werden.

Süße Mandelsauce

2 EL Butter
200 g geschälte Mandeln, gemahlen
(siehe Tip im Rezept Mandelmilch, Seite 88)
2 EL Honig
150 g süße Sahne
1 EL Maisstärke
2 EL Wasser
2 Tropfen Bittermandelaroma (Dr. Oetker)

Butter schmelzen, Mandeln und Honig darin rösten. Die Sahne dazugeben und aufkochen. Maisstärke mit Wasser glattrühren. Die Sauce damit binden. Mit Mandelaroma würzen.

Kokos-Karamel-Sauce

2 EL Rohrzucker
3 EL Butter
ca. 4 EL Wasser
50 g Kokosraspel (siehe Tip im Rezept Kokosmilch, Seite 89)
ca. 200 g süße Sahne
1 EL Maisstärke
2 EL Wasser

Rohrzucker mit Butter in einer Kasserolle karamelisieren. Mit Wasser löschen und den Karamel loskochen. Maisstärke mit etwas Wasser glattrühren. Die Sauce damit binden.

Tip: Kokos-Karamel-Sauce paßt gut zu gebackenen Bananen.

Schnelle kleine Mahlzeiten

Wer nicht nur gelegentlich ein Blitzmenü zubereitet, sollte vorgekochte Kartoffeln, Reis oder Hirse als zeitsparende Zutaten im Kühlschrank parat halten!

Die kleinen Mahlzeiten sind für max. 2 Personen berechnet.

Strammer Max

Deutschland

2 Scheiben Vollkornbrot,
glutenfrei (siehe Seite 264)
1 EL Kräuterbutter
2 Eier
100 g Schinken
2 Sardellenfilets
½ Tomate
Salatblatt
1 EL Schnittlauchsauce (siehe Seite 124)
Mixed pickles aus dem Glas

Das Vollkornbrot knusprig braun toasten. In einer breiten Pfanne Kräuterbutter schmelzen. Eier und Schinken darin braten. Auf die Brotscheiben legen und mit Sardellenfilets belegen. Die Tomatenhälften aushöhlen und mit Schnittlauchsauce füllen. Den strammen Max mit Salatblatt und Mixed pickles garnieren.

Tip: Die Tomatenhälfte mit Kräuter-Crème-fraîche füllen.

Omelett mit Mais und Paprika ***Mexiko***

½ rote Paprikaschote
2 Eier
1 Prise Salz und Pfeffer
1 EL Öl
2 EL Maiskörner aus der Dose, abgetropft
1 TL Paprikapulver, edelsüß
krause Petersilie zum Garnieren

Die Paprikaschote in Würfel schneiden. Die Eier schaumig schlagen und würzen. Die Maiskörner und die Paprikawürfel kurz anbraten. Die Eiermasse darübergießen. Die Pfanne zudecken und das Omelett ca. 3 Minuten braten.
Das Omelett zusammenfalten. Auf einen Teller gleiten lassen. Mit Paprikapulver bestreuen und mit Petersilie garniert servieren.

Gebratenes Gemüse mit Tofu ***Japan***

Möglichst im Wok zubereiten!

1 kleine Karotte
1 kleine Frühlingszwiebel
2 Broccoliröschen
2 EL Öl
ca. 150 g Tofu
1 EL junge Erbsen, tiefgekühlt
60 g Sojasprossen
1 TL mildes Currypulver
1 EL Sojasauce, süß-scharf (»Guadalquivir« oder Tamari)

Karotte und Frühlingszwiebel in dünne Scheiben schneiden. Broccoli zerteilen. Öl erhitzen und alles Gemüse darin anbraten. Tofu in Würfel schneiden und dazugeben. Öfters umrühren. Den Wok zudecken. Das Gemüse »al dente« schmoren. Mit Currypulver und Sojasauce abschmecken.

Tip: Kleingeschnittenen Chinakohl, Erbsenschoten oder tiefgekühltes »Wok-Mischgemüse« verwenden.

Schinken-Käse-Pavesen

Deutschland

4 Scheiben glutenfreies Weißbrot
(siehe auch Seite 261)
2 Scheiben gekochter Schinken
1 EL Tomatenketchup
1 Ei
2 EL süße Sahne
4 EL Emmentaler Käse, gerieben
1 EL Maismehl
Salz und Pfeffer

ZUM AUSBACKEN:
4 EL Butterschmalz oder Öl

Die Weißbrotscheiben mit Ketchup bestreichen, mit Schinken belegen und zusammenklappen. Ei mit Sahne, Käse, Maismehl, Salz und Pfeffer verrühren. Die gefüllten Toastbrotscheiben in der Ei-Käse-Mischung wenden. Auf beiden Seiten in heißem Fett goldbraun ausbacken.

Tip: Stecken Sie die Pavesen mit Zahnstochern zusammen, damit sie sich beim Braten und Wenden nicht öffnen.

Omelett mit Krabben und Oliven

Portugal

6 Oliven, mit Paprika gefüllt
1 EL Olivenöl
60 g Krabben (kleine Shrimps)
2 Eier
1 Prise Salz
1 Prise Pfeffer
1 Prise Paprikapulver, edelsüß
Zitronenspalte und krause Petersilie

Die Oliven in Scheiben schneiden. Olivenscheiben und Krabben in Olivenöl anbraten. Die Eier kräftig durchschlagen, würzen und in die Pfanne gießen. Das Omelett zudecken und ca. 3 Minuten braten. Das Krabbenomelett auf einen Teller gleiten lassen. Mit Zitronenspalte und krauser Petersilie garnieren.

Buchweizenfladen mit Schinken

Polen

$^{1}/_{8}$ l Milch
2–3 EL Buchweizenflocken
2 EL Buchweizenmehl
1 EL Maisstärke
1 TL »Biobin«-Johannisbrotkernmehl
1 Ei
1 Prise Salz
1 Msp Backpulver
150 g Schinken, in Streifen geschnitten
1 EL feingehackte Petersilie

ZUM AUSBACKEN:
2–3 EL Butterschmalz oder Öl

Die Zutaten mit dem Schneebesen zu einem dickflüssigen Teig rühren. Den Teig ca. 5 Minuten quellen lassen. Die Schinkenstreifen und die Petersilie dazurühren. Knusprigbraune Fladen ausbacken.

Pikante Hühnerleber mit Bambussprossen

Indien

1 kleine Zwiebel
2–3 EL Öl
150 g Hühnerleber
2 EL Bambussprossen (aus der Dose)
1 EL Mandelsplitter
1 TL Currypulver
1 TL kleingeschnittener Ingwer
1 EL Sojasauce, süß-scharf (»Guadalquivir« oder Tamari aus dem Reformhaus)
1 EL Zitronensaft
je 1 Prise Salz, Pfeffer und Zucker
ca. 5 EL Hühnerbrühe

Zwiebel schälen und klein hacken. In heißem Öl goldbraun braten. Hühnerleber, Mandeln, Bambussprossen und Ingwer dazugeben. 3 Minuten durchrösten. Die restlichen Gewürze dazurühren. Mit Brühe ablöschen und etwas einkochen.

Tip: Die Hühnerleber auf heißen Reiswaffeln anrichten.

Shrimps mit Hirsereis und Trauben

Spanien

2–3 EL Olivenöl
½ Tasse kernlose Weintrauben
ca. 120 g Shrimps (Garnelen)
3 EL gekochte Hirse
3 EL gekochter Reis
½ TL Safran
1 Prise Salz
1 Spritzer Zitronensaft
2 EL Kräuterbutter
Zitronenspalte

Öl erhitzen. Weintrauben und Shrimps anbraten. Hirse und Reis dazugeben und mitrösten. Mit den Gewürzen mischen. Die Kräuterbutter dazugeben. Die Pfanne zudecken und ca. 3 Minuten auf kleiner Flamme schmoren. Durchrühren und mit Zitronenspalte servieren.

Tip: Zu dieser Shrimps-Pfanne passen Oliven und knuspriges Baguette oder Weißbrot (siehe Seite 261).

Geschnetzeltes Rinderfilet

Schweiz

1 kleine Zwiebel
180 g Rinderfilet
1 kleine Gewürzgurke
2 EL Öl
2 EL Madeira
3 EL Kräuter-Crème-fraîche
Salz
Pfeffer aus der Mühle

Die Zwiebel schälen und klein hacken. Rinderfilet und Gewürzgurke in dünne Streifen schneiden. Öl erhitzen und Zwiebel goldgelb anbraten. Die Filetstreifen dazugeben und durchrösten. Mit Madeira löschen. Gurkenstreifen und Crème fraîche dazurühren. Kurz aufkochen. Mit Salz und frisch gemahlenem Pfeffer abschmecken.

Tip: Nudeln passen gut zu Geschnetzeltem. Glutenfreie Teigwaren sind in wenigen Minuten auf dem Tisch.

Huhn mit Ananas in Sojasauce

Indonesien

Gelingt am besten im Wok!

1 Hähnchenbrustfilet, ca. 180 g
3 EL Öl
1 EL kleingeschnittener Ingwer
2 Scheiben frische Ananas oder
4 EL Ananasstücke aus der Dose
3 EL indonesische Sojasauce
(»Guadalquivir« aus dem Reformhaus)
1 TL Currypulver
1 Prise Kardamom
$^{1}/_{8}$ l Hühnerbrühe
1 EL Maisstärke

Hähnchenbrust in Würfel schneiden. In heißem Öl anbraten. Ingwer dazugeben und braun rösten. Ananas, Sojasauce und Gewürze dazurühren. Etwas Hühnerbrühe mit Maisstärke glattrühren. Restliche Brühe in den Wok gießen. Aufkochen und mit Maisstärke binden. Die Sauce stark einkochen.

Tip: Als Beilage Glasnudeln ca. 10 Minuten in kalter Brühe einweichen. Mit der Brühe aufkochen, die Nudeln abseihen und servieren.

Omelett mit Schinken und Zwiebel

Frankreich

1 Frühlingszwiebel
100 g Schinken
2 Eier
1 EL süße Sahne
1 EL Butter
Pfeffer und Salz

Frühlingszwiebel und Schinken in Streifen schneiden. Die Eier mit Sahne schaumig schlagen. Butter erhitzen. Zwiebel und Schinken kurz anbraten. Die Eier darübergießen. Mit Salz und Pfeffer würzen. Die Pfanne kurz zudecken! Etwa 3 Minuten braten und sofort servieren.

Bauernomelett

Österreich

1 kleine gekochte Kartoffel
1 kleine Zwiebel
ca. 60 g durchwachsener Schinken
2 Eier
Pfeffer und Salz
1 EL Butter

Kartoffel in kleine Würfel schneiden. Zwiebel klein hacken, Schinken würfelig schneiden. Eier schaumig schlagen. Kartoffel und Zwiebel in Butter braun rösten. Die Eier darübergießen und würzen. Die Pfanne zudecken. Das Omelett ca. 3 Minuten braten. Das Bauernomelett mit Salatblatt, Mixed pickles und frischen Kräutern garnieren.

Gebratener Zucchino mit Hackfleisch

Türkei

1 kleiner Zucchino
1 kleine Zwiebel
2 EL Olivenöl
½ Knoblauchzehe
1 EL Tomatenmark
½ TL getrockneter Thymian
½ TL Rosmarin
Pfeffer und Salz
ca. 200 g grobgehacktes Fleisch, nach Belieben vom Kalb oder Lamm
2–3 Scheiben glutenfreies Weißbrot (siehe auch Seite 261)
1 TL Butter
1 Knoblauchzehe

Zucchino in Würfel schneiden. Zwiebel schälen und in Ringe schneiden. Olivenöl erhitzen. Zucchino und Zwiebel anbraten. Gehacktes Fleisch daruntermischen und ca. 5 Minuten durchrösten.
Knoblauchzehe durch die Presse drücken. Tomatenmark und die Gewürze dazugeben. Zudecken und kurz schmoren.
Auf frischgetoastetem glutenfreien Weißbrot, das mit Butter und Knoblauch eingerieben wurde, servieren.

Chicorée mit Sojasprossen und Früchten

Belgien

1 kernlose Mandarine
4–5 reife Aprikosenhälften
(wahlweise aus der Dose)
150 g saure Sahne
2 EL Rohrzucker
ca. 60 g Sojasprossen
4–6 schöne Chicoréeblätter

Mandarine schälen, enthäuten und die Spalten halbieren. Die Aprikosenhälften vierteln. Mit saurer Sahne und Zucker mischen. Auf Chicoréeblättern anrichten.

Tip: Servieren Sie dazu knusprig heißes Brot als Beilage, wie z. B. in Kräuterbutter (siehe Seite 128) geröstetes Buchweizenbrot oder getoastetes Baguette mit Zitronenbutter (siehe Seite 129).

Aus Waffeleisen und Toaster

Hinweis für Ei-Allergiker:

Die folgenden Waffelrezepte wurden auch mit pflanzlichem Ei-Ersatz (von Sybille-Diät) erprobt. Ein Eßlöffel davon ersetzt ein Ei.

Gemüsewaffeln

Ungarn

1/8 l süße Sahne
1 Ei
3 EL Hirseflocken
3 EL Buchweizenmehl
2 EL Maisstärke
1–2 TL »Biobin«
1 TL Rohrzucker
1/2 TL Backpulver
1 Prise Salz

1 kleine Zwiebel
1/2 rote Paprikaschote
1/2 Zucchino
1 EL Maiskörner (aus der Dose)
1 EL gehackte Petersilie

FÜR DAS WAFFELEISEN:
ca. 2 EL Butterschmalz

Die ersten neun Zutaten zu einem Teig verrühren. Ca. 5 Minuten quellen lassen. Zwiebel, Paprikaschote und Zucchino in

Streifen schneiden. Mit Maiskörnern und Petersilie unter den Teig rühren.
Waffeleisen vorheizen und dünn mit Butterschmalz einfetten. Knusprigbraune Waffeln backen und frisch verzehren.

Waffeln mit Sojasprossen

Japan

1 Ei
1/8 l Sojamilch
3 EL Maismehl
2 EL Maisstärke
2 EL Hirseflocken
1 EL fettarmes Sojamehl
1 EL Sojasauce
1–2 TL »Biobin«
1/2 TL Backpulver
1/2 TL Rohrzucker
1/2 TL Salz
1 Prise Currypulver
1 Prise Kardamom
ca. 70 g Sojakeimlinge

FÜR DAS WAFFELEISEN:
ca. 2 EL Butterschmalz

Die Zutaten mit dem Schneebesen glattrühren. Den Teig ca. 5 Minuten quellen lassen. Die Sojasprossen unterrühren. Waffeleisen vorheizen. Mit Butterschmalz fetten und knusprige Waffeln ausbacken.

Tip: Zu diesen exotischen Waffeln passen Mango-Chutney (fertig gekauft) oder pikante Saucen (siehe Rezepte für Saucen und Dips, Seite 117 ff.)

Chinakohlwaffeln

China

1 Ei
1/8 l Sojamilch
4 EL Buchweizenflocken
4 EL Buchweizenmehl
1–2 TL »Biobin«
1/2 TL Salz
1/2 TL Rohrzucker
1 Prise Safran
1 Prise Pfeffer
1 Prise Ingwerpulver
ca. 100 g kleingeschnittener Chinakohl

Zubereitung wie bei Waffeln mit Sojasprossen beschrieben, dabei den Chinakohl zum Schluß unter den Teig ziehen.

Hähnchentoast

Kanada

1 Hähnchenbrustfilet von ca. 150 g
1 EL Butter
Pfeffer und Salz
4 Scheiben glutenfreies Toastbrot
1 EL Ketchup
1 EL Kräuter-Crème-fraîche
2 Scheiben Chester- oder Gouda-Käse
2 Salatblätter
ein paar Weintrauben und Walnüsse
zum Garnieren

Das Hähnchenbrustfilet flachklopfen. In heißer Butter braten und würzen. Die Brotscheiben toasten und mit Ketchup bestreichen. Mit gebratenem Hähnchenfleisch belegen. Crème fraîche darüberstreichen und mit Käsescheiben zudecken. Den Toast überbacken. Auf trockenen Salatblättern anrichten. Mit Weintrauben und Walnüssen garnieren.

Thunfisch-Sandwich

Norwegen

1 Dose Thunfisch ohne Öl
1 EL Miracel Whip
1 EL Kräuter-Crème-fraîche
1 Spritzer Zitronensaft
4 große Scheiben glutenfreies Vierkant-Vollkornbrot (siehe auch Seite 264)
4 Blätter Eisbergsalat
Zitronenscheiben und krause Petersilie zum Garnieren

Thunfisch, Miracel Whip, Kräuter-Crème-fraîche und Zitronensaft mit einer Gabel zu einer Farce zerdrücken. Die Brotscheiben toasten. Weißbrotscheiben mit Thunfischfarce bestreichen und mit Eisbergsalat belegen. Vier Schichten aufeinanderstapeln. Die viereckigen Brote diagonal teilen, so daß Sandwich-Dreiecke entstehen. Mit Zitronenscheiben und Petersilie garnieren.

Toast Hawaii

USA

4 Scheiben glutenfreies Toastbrot
2 Scheiben Schinken
2 EL Ketchup oder Crème fraîche
2 frische Scheiben Ananas (wahlweise aus der Dose)
2 Scheiben Chester- oder Butterkäse
2 rote Cocktailkirschen
Salatblätter

Die Brotscheiben toasten. Mit Ketchup oder mit Crème fraîche bestreichen und mit Schinken belegen. Auf jeden Toast eine trockengetupfte Ananasscheibe legen. Mit Käsescheiben zudecken. Toast überbacken, bis der Käse schmilzt. Mit Kirschen dekorieren. Mit Salatblättern garniert servieren.

Tip: Zu überbackenem Toast passen kalte pikante Saucen (siehe Saucen und Dips, Seite 117 ff.)

Überbackener Bananentoast

Karibik

1 Banane
1 EL Butter
1 EL Rohrzucker
2 Scheiben glutenfreies Toastbrot
1–2 Scheiben Butterkäse
1 großes Salatblatt
Cocktailkirschen

Banane in Scheiben schneiden. In Butter braten und mit Rohrzucker bestreuen. Das Brot toasten und mit den heißen Bananenscheiben belegen. Mit Käsescheiben zudecken und überbacken. Auf Salatblatt anrichten und mit Kirschen garnieren.

Tip: Kinder mögen Bananentoast besonders gerne!

Buchweizenwaffeln mit Sonnenblumenkernen

ČSFR

1/8 l Milch
1 Ei oder 1 EL Ei-Ersatz
5 EL Buchweizenmehl
3 EL Kartoffelstärke
3 EL Sonnenblumenkerne
1–2 TL »Biobin«
1 TL Zucker
1/2 TL Salz
1/2 TL Backpulver
1 EL gehackte Petersilie

FÜR DAS WAFFELEISEN:
1 EL Butter

Alle Zutaten mit dem Schneebesen verrühren. Den Teig 7 Minuten quellen lassen. Waffeleisen vorheizen und einfetten. Knusprigbraune Waffeln ausbacken. Mit Apfelmus oder Pflaumenkompott servieren.

Kartoffelwaffeln mit Schinken ***Irland***

1 faustgroße Kartoffel, festkochend
1/8 l Milch
1 Ei
3 EL Kartoffelpüreepulver, glutenfrei
2 EL Maismehl
1 EL Kartoffelmehl
1 TL »Biobin«
1/2 TL Backpulver
1/2 TL Salz
1/2 TL gemahlener Kümmel
1 Prise Pfeffer
ca. 150 g Schinken, in Streifen geschnitten

FÜR DAS WAFFELEISEN:
1 EL Butter

Kartoffel schälen und fein raspeln. Kartoffelraspel fest ausdrücken. Mit den restlichen Zutaten verrühren. Den Teig 5 Minuten quellen lassen. Waffeleisen vorheizen und einfetten. Knusprige Waffeln ausbacken. Mit Kräuterquark servieren.

Hirseflockenwaffeln mit heißen Himbeeren

Schweiz

1/8 l Sahne
1 Ei oder 1 EL Ei-Ersatz
4 EL Hirseflocken
3 EL Maisstärke
1 TL »Biobin«
1 TL Zucker
1/2 TL Backpulver
1/2 TL Vanillezucker
1 Prise Salz
1 Prise gemahlener Anis

FÜR DAS WAFFELEISEN:
1 EL Butter

Alle Zutaten mit dem Schneebesen verrühren. Den Teig ca. 7 Minuten quellen lassen. Das Waffeleisen vorheizen und dünn fetten. Knusprigbraune Waffeln ausbacken. Nach Belieben mit Puderzucker bestreuen.

Heiße Himbeeren

1 EL Butter
3–4 EL Zucker
200 g Himbeeren

Die Butter schmelzen. Zucker und Himbeeren dazugeben. Vorsichtig umrühren und erhitzen. Nicht kochen!

Kokoswaffeln

Kolumbien

80 g Kokosraspel
(siehe Tip bei Rezept Kokosmilch Seite 89)
1/8 l Sahne
1 Ei
1–2 EL Maismehl
1 EL Maisstärke
1 TL »Biobin«
1 TL Rohrzucker
1 Prise Salz

ZUM AUSBACKEN:
1 EL Butterschmalz

Die Zutaten verrühren. Den Teig 5 Minuten quellen lassen. Waffeleisen vorheizen und einfetten. Goldbraune Waffeln ausbacken.

Tip: Zum Kaffee oder Tee Kokoswaffeln mit Schlagsahne und Schokosauce anstelle von Kuchen servieren.

Geflügel – exotisch und bunt

Reizvolle Geflügelgerichte aus fremden Ländern bringen frischen Wind in die glutenfreie Küche!

Die Rezepte sind für 2–3 Portionen berechnet.

Hähnchen in Paprika

Ungarn

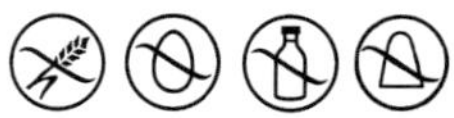

1 Zwiebel
400 g frische Hähnchenbrustfilets
1/2 rote Paprikaschote
1/2 grüne Paprikaschote
2 EL Butter
1/4 l Hühnerbrühe
1 EL Tomatenmark
1 EL Paprikapulver, edelsüß
1/2 TL Majoran
1/2 TL weißer Pfeffer
1/2 TL Salz
1 Prise Muskatnuß
150 g saure Sahne
1 EL Maisstärke

Zwiebel schälen und klein hacken. Hähnchenbrust in Streifen schneiden. Kerngehäuse aus den Paprikaschoten entfernen. Paprika in Streifen schneiden. Zwiebel in Butter goldgelb rösten. Hähnchen- und Paprikastreifen dazugeben. Unter Rüh-

ren anbraten. Mit Hühnerbrühe ablöschen. Tomatenmark, Paprikapulver und die Gewürze einrühren. Ca. 20 Minuten auf kleiner Flamme kochen. Saure Sahne mit Maisstärke glattrühren und die Sauce damit binden.
Mit Reis oder Buchweizen-Spätzle (siehe Seite 209) servieren.

Tip: Das Rezept kann auch mit Hähnchenteilen, Putenbrust oder Kaninchen zubereitet werden.

Putenspießchen mit Strohkartoffeln

Schweiz

250 g Putenbrust
½ rote Paprikaschote
½ grüne Paprikaschote
1 Zwiebel
1 feste Fleischtomate
Pfeffer und Salz
ca. 4 EL Butterschmalz zum Braten

Putenbrust in ca. 2 cm große Würfel schneiden. Zwiebel schälen. Paprika, Zwiebel und Tomaten in nicht zu kleine Stücke schneiden. Abwechselnd mit dem Fleisch auf Holzspieße stekken. Mit Pfeffer und Sahne würzen. In einer großen Pfanne Butterschmalz erhitzen. Die Putenspieße ca. 12 Minuten rundum goldbraun braten.
Dazu gibt es

Strohkartoffeln

½ kg festkochende Kartoffeln

Zum Fritieren:
500 g Butterschmalz oder ½ l Öl

Kartoffeln schälen. In 2 mm dünne Scheiben schneiden. Kartoffelscheiben in strohhalmdünne Streifen schneiden, und sofort in kaltes Wasser legen. Kartoffelstreifen auf einem Sieb abgießen. Auf einem Küchentuch trockentupfen. In heißem Fett goldbraun fritieren. Mit den Putenspießchen anrichten. Als Beilage Salat oder kalte Schnittlauchsauce (siehe Seite 124) reichen.

Curryhühnchen mit Sauerkirschen

Indien

600 g Hühnerteile ohne Haut
Salz
4 EL Öl
3 EL Kokosraspel
3 EL Sauerkirschen (aus dem Glas, abgetropft)
⅛ l Hühnerbrühe
1–2 TL mildes Currypulver
150 g saure Sahne
1 EL Maisstärke
Zitronensaft
Zucker

Hühnerteile salzen. In heißem Öl goldbraun braten. Kokosraspel und Sauerkirschen dazugeben und anbraten. Mit Hühnerbrühe ablöschen. Currypulver einstreuen. 15 Minuten auf kleiner Flamme einkochen. Saure Sahne mit Maisstärke glattrühren und die Sauce damit binden. Mit Zitronensaft und Zucker abschmecken. Als Beilage Reis oder glutenfreie Nudeln servieren.

Tip: Kleingeschnittene Fleisch- und Geflügelgerichte sind im Wok in wenigen Minuten gar!

Entenbrust à la Stroganoff ***Rußland***

1 kleine Zwiebel
2 EL Butter
300 g Entenbrust, ohne Haut
5 EL Madeira
5 EL süße Sahne
1 kleine Gewürzgurke
1 EL Kapern oder 6 kleingeschnittene grüne Oliven
6 EL Kräuter-Crème-fraîche
Pfeffer und Salz

Zwiebel schälen und in dünne Ringe schneiden. Entenbrust in Streifen schneiden. Butter schmelzen und die Zwiebel goldbraun rösten. Entenbrust dazugeben und unter Rühren 5 Minuten durchbraten. Mit Madeira und Sahne löschen. Zugedeckt auf kleiner Flamme schmoren. Gewürzgurke in feine Streifen schneiden. Kapern oder Oliven und Gurkenstreifen dazugeben. Crème fraîche einrühren. Kurz aufkochen. Mit frisch gemahlenem Pfeffer und Salz abschmecken.
Mit glutenfreien Bandnudeln oder Kartoffelpüree servieren.

Hähnchen-Chop-Suey

China

Diese fernöstliche Spezialität gelingt am besten im Wok!

200 g Hähnchenbrustfilet
200 g Schweinefilet
4 EL Öl
1 kleine Karotte
1 kleine Zwiebel
1 Stange Sellerie
2 Tassen grobgeschnittener Chinakohl
1 EL kleingeschnittener Ingwer
1/2 TL Kardamom
1/2 Knoblauchzehe, zerdrückt
1 Msp Nelkenpulver
4 EL Bambussprossen aus der Dose, abgetropft
8 Wasserkastanien aus der Dose, abgetropft
1/8 l Hühnerbrühe
4 EL süß-saure Sojasauce (»Guadalquivir«
oder Tamari aus dem Reformhaus)
1 EL Maisstärke

Hähnchenbrust und Schweinefilet in feine Streifen schneiden. Karotte, Zwiebel und Gemüse in feine Streifen schneiden. 2 EL Öl im Wok erhitzen. Das Fleisch unter ständigem Rühren braten. Aus der Pfanne nehmen. Das kleingeschnittene Gemüse und den Chinakohl mit 2 EL Öl unter Rühren ca. 3 Minuten knackig braten. Gewürze, Knoblauch, Bambussprossen und Wasserkastanien dazugeben und durchrösten. Mit Hühnerbrühe ablöschen. Sojasauce mit Maisstärke glattrühren und die Sauce binden. Aufkochen und auf kleiner Flamme eindicken lassen. Das geschmorte Fleisch dazurühren.

Variante:

Chop Suey mit Glasnudeln

200 g Glasnudeln ca. 15 Minuten in kalter Hühnerbrühe einweichen. In der Brühe 2 Minuten kochen. Nudeln abseihen und mit Chop Suey anrichten.

Hühnchen Parmigiana mit Tomatensauce

Italien

FÜR DIE TOMATENSAUCE:

2 EL Olivenöl
1 kleine Zwiebel, fein gehackt
½ Knoblauchzehe, zerdrückt
300 g gehackte Tomaten (aus der Dose)
2 EL Tomatenmark
½ TL getrockneter Oregano
1 TL Zucker
½ TL abgeriebene Zitronenschale
Pfeffer und Salz

FÜR DAS HÜHNCHEN:

400 g Hühnerbrustfilets
Salz
1 Ei
2 EL süße Sahne
4 EL Buchweizenmehl
1 Tasse glutenfreie Semmelbrösel
3 EL geriebener Parmesan

ZUM AUSBACKEN:

6 EL Butterschmalz

FÜR DIE GARNITUR:

Zitronenscheiben, Basilikum und Oliven

Für die Sauce das Olivenöl erhitzen. Die Zwiebel goldgelb rösten. Die restlichen Zutaten dazugeben. Auf kleiner Flamme sämig einkochen.
Hühnerfilets zu 4 Schnitzeln schneiden. Vorsichtig breitklopfen und salzen. Ei mit Sahne verschlagen. Semmelbrösel mit Parmesan mischen. Filets erst in Buchweizenmehl, dann in Ei

wenden. Mit Parmesan-Semmelbröseln panieren. Hähnchenschnitzel goldbraun ausbacken. Mit Tomatensauce anrichten und mit Zitronenscheiben, Basilikumblättern und Oliven garnieren.
Als Beilage glutenfreie Spaghetti oder Reis servieren.

Putzengeschnetzeltes in Zitronensauce

Spanien

300 g Putenbrust
2 EL Butter
½ Tasse kernlose Weintrauben, ersatzweise 2 EL Sultaninen
⅛ l Hühnerbrühe
⅛ l süße Sahne
abgeriebene Schale und Saft von 1 unbehandelten großen Zitrone
5 EL trockener Weißwein
1 EL Maisstärke
1 Prise weißer Pfeffer
1 Prise Salz
1 Prise Zucker
krause Petersilie zum Garnieren

Putenbrust in 2 cm große Würfel schneiden. In Butter goldbraun braten. Die Trauben dazugeben und anbraten. Mit Hühnerbrühe ablöschen. Sahne, die Hälfte der Zitronenschale und den Zitronensaft dazurühren. Auf kleiner Flamme einkochen, bis die Sauce andickt. Weißwein mit Maisstärke glattrühren. Die Sauce damit binden. Mit Pfeffer, Salz und Zucker abschmecken. Vor dem Servieren mit der restlichen abgeriebenen Zitronenschale bestreuen. Mit krauser Petersilie garnieren.
Dazu gibt es

Basmati-Reis
mit Zitronenbutter

1 Tasse Basmati-Reis (Duftreis)
1 EL Öl
1 ½ Tassen Hühnerbrühe
1 EL Zitronenbutter (siehe Seite 129)

Reis in Öl glasig dünsten. Mit Hühnerbrühe ablöschen. In eine feuerfeste Schale füllen. Im Wasserbad auf kleiner Flamme 15–20 Minuten kochen. Den Reis mit Zitronenbutter krönen.

Hähnchenpfanne mit
Ananas und Banane

Venezuela

300 g Hähnchenbrustfilet
Salz
weißer Pfeffer
2 EL Öl
1–2 Gemüsebananen (Planten) oder grüne Bananen
2 EL Butter
2 EL Rohrzucker
1 Tasse frische Ananasstücke
(ersatzweise aus der Dose, abgetropft)
½ TL Ingwerpulver
1 Prise Nelkenpulver
8 EL Hühnerbrühe
1 EL gehackte Pistazien oder Mandeln

ZUM GARNIEREN:
Orangenscheibe und Cocktailkirsche

Hühnerbrustfilet in 2 cm große Würfel schneiden. Mit Salz und Pfeffer würzen. In heißem Öl goldbraun anbraten. Aus der Pfanne nehmen. Banane schälen und in Würfel schneiden. In Butter braun braten. Rohrzucker darüberstreuen und leicht karamelisieren. Ananasstücke und Gewürze dazugeben und unter Rühren durchrösten. Das gebratene Hühnerfleisch unterrühren. Mit Hühnerbrühe ablöschen und einkochen. Pistazien darüberstreuen. Auf knusprig getoastetem Weißbrot anrichten. Mit Orangenscheibe und Cocktailkirsche dekorieren.

Toskanisches Huhn

Italien

1 kleine Zwiebel
1 kleiner Zucchino
300 g Hähnchenbrustfilet
2 EL Butter
8 Kirschtomaten
$^1/_8$ l Hühnerbrühe
4 EL süßer Weißwein
1 EL Maisstärke
frisch gemahlener Pfeffer
Salz
getrockneter Rosmarin
2 EL Knoblauch-Crème-fraîche

Zwiebel schälen. Zucchino und Zwiebel in Streifen, Hühnerbrustfilet in 2 cm große Würfel schneiden. Zwiebel in Butter goldgelb rösten. Hühnerbrust dazugeben und unter Rühren ca. 5 Minuten braten. Zucchino und Tomaten ebenfalls anbraten. Mit Hühnerbrühe ablöschen, aufkochen. Weißwein mit Maisstärke verrühren und die Sauce damit binden. Die Gewürze dazugeben. Abschmecken und auf kleiner Flamme einkochen. Mit Knoblauch-Crème-fraîche abrunden.
Mit glutenfreien Makkaroni oder Spinatnocken (siehe Seite 214) servieren.

Coq au Vin

Frankreich

1 große Zwiebel
2 EL Butter
1 Knoblauchzehe, zerdrückt
200 g geräucherter Schinken
600 g Hühnerteile ohne Haut
Salz und Pfeffer
1 Tasse kleine Champignons (aus dem Glas)
$^{1}/_{2}$ TL getrockneter Thymian
$^{1}/_{4}$ l Rotwein
2 Gewürznelken
2 EL Maisstärke
2 EL Wasser
2 EL gehackte Petersilie

Zwiebel schälen und klein hacken. Butter schmelzen, Zwiebel und Knoblauch darin goldbraun braten. Schinken in kleine Würfel schneiden und mitrösten. Hähnchenteile mit Salz und Pfeffer würzen und anbraten, bis sie leicht gebräunt sind. Champignons dazugeben und mitbraten. Thymian hineinstreuen und mit Rotwein ablöschen. Gewürznelken dazugeben und zugedeckt ca. 20 Minuten schmoren. Maisstärke mit Wasser verrühren und die Sauce damit binden. Auf kleiner Flamme einkochen. Mit gehackter Petersilie bestreut servieren.
Dazu paßt knusprig aufgebackenes glutenfreies Baguette.

Orientalischer Geflügelkebab

Tunesien

FÜR DIE MARINADE:

3 EL Olivenöl
3 EL Weißwein
1 EL Zitronensaft
1 EL Senfkörner
1 EL feingehackte Petersilie
1 zerdrückte Knoblauchzehe
1 TL Salz
1 TL geriebener Ingwer
½ TL Thymian
½ TL Kardamom

Alle Zutaten zu einer Sauce verrühren.

FÜR DIE SPIESSCHEN (= KEBABS):

300 g Hähnchen- oder Putenbrust
½ grüne Paprikaschote
2 Ananasscheiben, frisch oder aus der Dose
15 Perlzwiebeln (aus dem Glas)
10 Cocktailtomaten
4–6 Holzspießchen
ca. 2 EL Öl zum Grillen

Das Geflügelfleisch in 2 cm große Würfel schneiden. Paprika und Ananas in Stücke schneiden. Abwechselnd Paprika, Geflügelfleisch, Perlzwiebeln und Cocktailtomaten auf Spießchen stecken. In eine flache Schüssel legen und die Marinade darübergießen. Die Spießchen mehrmals darin wenden und mindestens 30 Minuten marinieren. Die Kebabs auf dem Grill oder in einer Pfanne ca. 10 Minuten rundum braten. Spießchen beim Braten öfters mit Öl bepinseln.
Als Beilage paßt am besten knackiger Salat mit Sauce.

Hähnchen in Kräuterrahmsauce

Dänemark

1 kleine Zwiebel
2 EL Butter
600 g Hähnchenteile ohne Haut
Salz und Pfeffer
$^{1}/_{8}$ l Hühnerbrühe
$^{1}/_{8}$ l süße Sahne
feingehackte Kräuter: je 1 EL Petersilie,
Estragon, Pimpinelle, Kerbelkraut, Liebstöckel,
$^{1}/_{2}$ TL getrockneter Thymian
6 EL Knoblauch-Crème-fraîche

Zwiebel schälen und klein hacken. In heißer Butter glasig rösten. Hähnchenteile dazugeben und auf beiden Seiten goldbraun braten. Mit Salz und Pfeffer würzen. Die Hühnerbrühe zugießen. Einkochen, bis die Flüssigkeit verdampft ist. Hähnchenteile herausnehmen. Den Fond mit Sahne aufgießen und einkochen. Die Kräuter hineinstreuen. Mit Knoblauch-Crème-fraîche verrühren und kurz aufkochen. Hähnchenteile in der Sauce wenden und servieren.
Als Beilage Reis oder Kartoffelpüree servieren.

Gebratene Entenbrust mit Kumquats

Taiwan

300 g Entenbrust, ohne Haut
Pfeffer und Salz
3 EL Öl
8 frische Kumquats (wahlweise aus der Dose)
$^{1}/_{8}$ l Hühnerbrühe
1 EL kleingeschnittener Ingwer
3 EL süß-saure Sojasauce (»Guadalquivir« oder Tamari aus dem Reformhaus)
1 Prise Zucker
1 EL Maisstärke
2 EL Wasser

Entenbrust in dünne Streifen schneiden und mit Pfeffer und Salz würzen. In heißem Öl unter Rühren ca. 5 Minuten braten. Kumquats halbieren und mitbraten. Mit Hühnerbrühe ablöschen. Ingwer, Sojasauce und etwas Zucker dazugeben. Die Sauce einkochen, bis die halbe Flüssigkeit verdampft ist. Maisstärke mit Wasser verrühren und die Sauce damit binden.

Tip: Geschmacksneutrale Glasnudeln passen am besten zum rassigen Aroma der Kumquat-Ente (siehe Chop Suey mit Glasnudeln, Seite 159).

Geflügel-Hirse-Pilaw

Marokko

600 g Hühnerteile ohne Haut
1 TL Salz
4 EL Öl
½ l Hühnerbrühe
½ TL getrockneter Majoran
½ TL Safran
½ TL Kardamom
½ TL Safran
1 kleines Stück Zimtrinde
1 Stück Zitronenschale
1 Tasse Hirse
½ Tasse Rundkornreis
½ Tasse junge Erbsen, tiefgekühlt
½ Tasse kleingeschnittene rote Paprikaschoten
1 EL gehackte Petersilie
1 EL gehackte Minze
Zitronenspalten
Oliven

Hühnerteile salzen und in heißem Öl von allen Seiten braten, bis sie goldbraun sind. Mit Hühnerbrühe aufgießen. Gewürze, Reis und Hirse dazurühren. Zugedeckt auf kleiner Flamme 20 Minuten kochen. Die Erbsen und Paprikastücke unterrühren und weitere 5 Minuten schmoren. Vom Feuer nehmen und zum Ausquellen warm stellen. In einer großen Schüssel anrichten. Gehackte Petersilie mit Minze vermischen und darüberstreuen. Mit Zitronenspalten und Oliven garnieren. Mit frischem grünen Salat servieren.

Tip: Pilaw kann mit allen möglichen Geflügelsorten, aber auch mit Lamm oder Kalbfleisch zubereitet werden.

Putenleber in würziger Traubensauce

USA

1 Zwiebel
2 EL Butter
½ Tasse kernlose Weintrauben
250 g Putenleber
Salz und Pfeffer
2 EL Buchweizenmehl
⅛ l Fleischbrühe
4 EL Madeira
1 TL Sardellenpaste
1 TL Zitronensaft
½ TL Majoran
½ TL Zucker
4 EL Crème double
1 EL gehackte Petersilie

Zwiebel klein hacken. Mit Weintrauben in Butter bräunen. Die Putenleber würzen. In Buchweizenmehl wenden. Mit Zwiebeln und Weintrauben schmoren. Fleischbrühe und Madeira dazugeben. Einkochen, bis die Flüssigkeit zur Hälfte verdampft ist. Restliche Zutaten einrühren. Die Sauce aufkochen. Mit Petersilie bestreuen. Auf Reis oder mit Reiswaffeln anrichten.

Tip: Anstelle von Putenleber können auch Hühner- oder Kalbsleber verwendet werden.

Frisch durch Fisch

Fisch ist nährstoffreich, leicht verdaulich und daher für die Diät der Zöliakiekranken besonders gut geeignet.

Die Rezepte sind für 2 Portionen berechnet und können auch mit anderen Fischarten zubereitet werden.

Forelle in Kräuterrahmsauce ***Schweiz***

Für die Zubereitung sind zwei Pfannen erforderlich!

4 EL Butter
2 küchenfertige Forellen
2 EL feingehackte Frühlingszwiebeln
feingehackte Kräuter (je 1 EL Petersilie, Kerbelkraut, Pimpinelle, Liebstöckel, 1 TL getrockneter Estragon, ½ TL getrockneter Thymian)
⅛ l Weißwein
6 EL Knoblauch-Crème-fraîche
Salz und Pfeffer
1 EL Zitronensaft
Zitronenscheiben
krause Petersilie

2 EL Butter schmelzen. Forellen von beiden Seiten goldbraun braten. Zudecken und auf kleiner Flamme weiterschmoren.

Zwiebel in 2 EL Butter goldgelb rösten. Die Kräuter einstreuen. Mit Weißwein ablöschen. Einkochen, bis die Flüssigkeit fast verdampft ist. Knoblauch-Crème-fraîche dazurühren. Mit Pfeffer, Salz und Zitronensaft abschmecken und noch etwas einkochen. Die Forellen mit der Kräutersauce überziehen. Mit Zitronenscheiben und Petersilie garnieren.
Als Beilage gibt es

Dillkartoffeln

500 g kleine, festkochende Kartoffeln in Salzwasser garen. Kartoffeln schälen. 2 EL Butter schmelzen und 2 EL gehackten Dill dazugeben. Kartoffeln in Dillbutter schwenken.

Gefüllte Seezungenröllchen

Deutschland

2 küchenfertige Seezungenfilets
1 EL Zitronensaft
weißer Pfeffer
Salz
2 Scheiben luftgetrockneter Schinken
6 Stangen frischer grüner Spargel (evtl. aus der Dose)
2 EL Butter
1 EL gehackter Estragon
1 EL gehackte Petersilie
1 EL gehacktes Kerbelkraut
4 EL Fleischbrühe
4–5 EL Kräuter-Crème-fraîche
Dill
Zitronenscheiben

Frischen Spargel schälen und in wenig gesalzenem Wasser mit einer Prise Zucker 8–10 Minuten vorgaren.

Seezungenfilets mit Zitronensaft beträufeln und mit Salz und Pfeffer würzen. Mit Schinken und Spargel belegen. Filets zusammenrollen und mit Zahnstochern fixieren. Butter schmelzen und die Röllchen von allen Seiten anbraten. Zudecken und ca. 5 Minuten schmoren. Mit Brühe ablöschen und etwas einkochen. Seezungenröllchen herausnehmen und warm stellen. Fond mit Crème fraîche verrühren. Frische Kräuter dazugeben. Seezungenröllchen mit der Kräutersauce überziehen. Mit Dill und Zitronenscheibe garnieren. Reis oder Kartoffelpüree als Beilage reichen.

Schollenfilets Florentiner Art

Italien

300 g tiefgekühlter Blattspinat, aufgetaut
3 EL Kräuterbutter
2 frische oder tiefgekühlte Schollenfilets
Zitronensaft
Pfeffer und Salz

Blattspinat blanchieren und zum Abtropfen auf ein Sieb schütten. Die Schollenfilets mit Zitronensaft beträufeln und in Kräuterbutter anbraten. Blattspinat würzen und in eine feuerfeste Auflaufform geben. Schollenfilets auf das Spinatbett gleiten lassen. Die Butter aus der Pfanne darüberträufeln. Überbacken mit

Sauce Mornay

1 EL Maismehl
1 EL Maisstärke
2 EL Butter
$^{1}/_{8}$ l Milch
2 Eigelb
2 EL süße Sahne
2 EL geriebener Parmesan oder Emmentaler
Pfeffer und Salz
Muskatnuß

Maismehl und -stärke vermischen. Die Butter erhitzen und die Mehlmischung darin hellbraun anschwitzen. Milch aufkochen und einrühren. Die Eigelbe mit Sahne verquirlen, in die Mehlschwitze rühren und den Käse zufügen. Die Sauce mit Salz, Pfeffer und geriebener Muskatnuß abrunden.
Die Schollenfilets im Spinatbett mit der Sauce überziehen. Im vorgeheizten Backofen bei starker Oberhitze goldbraun überbacken. Mit Basmati-Reis oder glutenfreien Makkaroni servieren.

Kabeljau-Steak mit gebratenen Äpfeln

Finnland

2 Kabeljau-Steaks von je ca. 180 g
Zitronensaft
weißer Pfeffer
Salz
1 EL Butter
8 EL kräftige Brühe
2 Äpfel (Cox Orange oder Boskoop)
1 große Zwiebel
2 EL Butter
5 EL Crème fraîche
Zitronenscheibe und Petersilie zum Garnieren

Kabeljausteaks mit Zitronensaft, Pfeffer und Salz würzen. In heißer Butter von allen Seiten anbraten. Mit Brühe ablöschen. Zugedeckt auf kleiner Flamme schmoren. Äpfel schälen, Kerngehäuse ausstechen. Zwiebel und Apfel in $^{1}/_{2}$ cm dicke Ringe schneiden. In Butter goldbraun braten. Kabeljausteaks aus der Pfanne nehmen. Den Fond in der Pfanne mit Crème fraîche und Zitronensaft verrühren. Kabeljausteaks hineinlegen. Apfel- und Zwiebelringe auf die Steaks geben. Mit Sauce überziehen. Als Beilage gibt es

In Folie gebackene Kartoffeln

2 große festkochende Kartoffeln 10 Minuten in Salzwasser kochen. In gebutterte Alufolie wickeln und im Backofen bei 240 °C auf der obersten Schiene ca. 20 Minuten backen. Folie mit einem Schnitt öffnen und auseinanderklappen. Kartoffeln mit saurer Sahne und frischen Kräutern, Kaviar oder gebratenem Schinkenspeck füllen und servieren.

Pochierter Lachs mit Meerrettichsauce

Schweden

FÜR DEN FOND:

$^{1}/_{8}$ l Weißwein
$^{1}/_{8}$ l Gemüsebrühe
1 halbierte Zwiebel
6 Pfefferkörner
1 Lorbeerblatt
1 Zitronenscheibe
1 Stengel Dill
1 Stengel Petersilie
1 Spritzer Weinessig
1 TL Salz
1 Prise Zucker

2 Scheiben Lachs von je 150 g

FÜR DIE SAUCE:

$^{1}/_{8}$ l süße Sahne
150 g saure Sahne
1 EL Maisstärke
2 EL Meerrettich aus dem Glas
1 Prise weißer Pfeffer
1 Prise Salz
1 Prise Zucker

Den Fond aufkochen. Die Lachsschnitten hineinlegen. Auf kleinster Flamme 7–10 Minuten ziehen lassen.
Süße Sahne aufkochen. Die saure Sahne mit Maisstärke glattrühren und die kochende Sahne damit binden. Meerrettich einrühren und die Sauce abschmecken.
Lachs mit einer Schaumkelle aus dem Fond heben. Auf Meerrettichsauce anrichten. Mit Zitronenscheibe und Dill dekorieren und mit Petersilien- oder Dillkartoffeln servieren.

Goldbarschfilet in Mandelkruste

Griechenland

2 Goldbarschfilets von je 180 g
Salz
Zitronensaft
6 EL Buchweizenmehl
1 Ei
1 EL Milch
½ Tasse zerkleinerte Cornflakes
½ Tasse gehobelte weiße Mandeln
6 EL Butterschmalz zum Ausbacken
Zitronenscheiben
Oliven

Goldbarschfilets mit Salz und Zitronensaft würzen. Ei mit Milch verschlagen. Cornflakes mit gehobelten Mandeln mischen. Filets in Buchweizenmehl wenden. Durch das Ei ziehen. In Cornflakes-Mandeln panieren. Auf kleiner Flamme goldbraun ausbacken. Vorsicht! Das Fett darf nicht zu heiß sein, sonst wird die Mandelkruste zu dunkel. Gebackene Filets mit Zitronenscheiben und Oliven garnieren. Mit Salat servieren.

Variante:

Überbackenes Goldbarschfilet

Goldbarschfilets würzen. In einer Pfanne mit Kräuterbutter anbraten. ½ Tasse glutenfreie Semmelbrösel, ½ Tasse gemahlene braune Mandeln, 4 EL geriebenen Emmentaler, 1 EL Petersilie, Pfeffer, Salz mit 1 Ei und etwas süßer Sahne zu einem dicken Brei mischen. Einen Belag von ca. 1 cm auf die Fischfilets streichen. Butterflöckchen draufsetzen. Im vorgeheizten Backofen goldbraun überbacken.

Fisch mit gebratenem Gemüse

Japan

Am besten im Wok zubereiten!

300 g Fischfilet, in 3 cm große Würfel geschnitten
1 EL Zitronensaft
Salz
3 EL Öl
2 Frühlingszwiebeln
1 Karotte
4 EL junge Erbsen, tiefgekühlt
ca. 100 g Sojasprossen
4 EL Bambussprossen aus der Dose
1 EL gehackter Ingwer
3–4 EL süß-saure Sojasauce (»Guadalquivir« oder Tamari aus dem Reformhaus)
1 TL Sardellenpaste

Fischfiletwürfel mit Zitronensaft und Salz würzen. Frühlingszwiebel klein schneiden. Karotte schälen und in feine Streifen schneiden. Fisch in heißem Öl anbraten. Aus der Pfanne nehmen. Gemüse, Soja-, Bambussprossen und Ingwer unter Rühren knackig braten. Mit Sojasauce und Sardellenpaste verrühren. Fischwürfel dazugeben. Zudecken und 3 Minuten schmoren. Mit Reis oder Kartoffeln servieren.

Variante:

Tintenfischpfanne

200–300 g unpanierte(!) Tintenfischringe mit Salz und Zitrone marinieren. In Öl braten und zubereiten wie oben beschrieben.

Gebratenes Fischfilet mit Zitronenbutter auf fritierter Petersilie

Kanada

2 Fischfilets (300–400 g),
z. B. Rotbarsch, Scholle, Seehecht
1 EL Zitronensaft
Salz
weißer Pfeffer
4 EL Buchweizenmehl
2 EL Butter
4 EL Zitronenbutter (siehe Seite 129)

Fisch mit Zitronensaft, Pfeffer und Salz würzen. Mit Buchweizenmehl panieren. Auf kleiner Flamme in Butter goldbraun braten. Die Fischfilets mit Zitronenbutterflocken verfeinern.

Fritierte Petersilie

Ein großes Bund gewaschene, trockengetupfte Petersilie kurz in heißem Öl oder Butterschmalz fritieren. Mit einer Schaumkelle aus dem heißen Fett fischen. Auf Küchenpapier entfetten. Die Fischfilets auf einem Bett aus fritierter Petersilie anrichten. Mit Reis oder Salzkartoffeln servieren.

Fischfilet in Backteig

England

FÜR DEN BACKTEIG:

1/8 l Wasser
4 EL Buchweizenmehl
2 EL Maisstärke
2 EL Hirseflocken
1 TL »Biobin«-Johannisbrotkernmehl
1/2 TL Currypulver
1/2 TL Salz

300–400 g beliebiges Fischfilet
1 EL Zitronensaft
Salz

ZUM AUSBACKEN:

1/2 l Öl oder 500 g Butterschmalz

Die Zutaten für den Backteig verrühren und ca. 5 Minuten quellen lassen. Fischfilets in 3 cm breite Streifen schneiden. Mit Zitronensaft und Salz würzen. Fischfiletstreifen durch den Backteig ziehen und in heißem Fett goldbraun ausbacken.

Varianten:

Gebackene Tintenfischringe

5–6 küchenfertige Tintenfischtuben (Körper von kleinen Tintenfischen), ca. 300 g, in Ringe schneiden. Mit Zitronensaft und Salz würzen. Tintenfischringe durch den Backteig ziehen. In heißem Fett ausbacken.

Garnelen in Backteig

10–12 küchenfertige Riesengarnelen am dicken Körperende längs einschneiden und wie einen Schmetterling auseinanderfalten. Mit Salz und Zitrone würzen. In Backteig wenden. In heißem Fett knusprig braun ausbacken.

Tip: Fritierte oder gebackene Fische oder Meeresfrüchte mit Salat und pikanter Sauce servieren.

Fleischgerichte vom Kalb, Rind, Lamm und Schwein

Die Rezepte sind für 2–3 Portionen berechnet.

Kalbfleischröllchen mit Risi-Bisi

Österreich

2 Stangen Sellerie (ersatzweise grüner Stangenspargel aus der Dose)
2 dünne Kalbsschnitzel von je 160 g
Pfeffer und Salz
2 Scheiben Schinken
2 EL Butter
$^1/_8$ l Fleischbrühe
6 EL Kräuter-Crème-fraîche

Sellerie in kochendem Wasser 3 Minuten blanchieren. Kalbsschnitzel breitklopfen. Mit Pfeffer und Salz würzen. Schnitzel mit Schinken und Sellerie (oder Spargel) belegen. Einrollen und mit Zahnstochern fixieren. In heißer Butter von allen Seiten anbraten. Mit Brühe ablöschen. Zudecken und schmoren, bis die halbe Flüssigkeit verdampft ist. Die Kalbfleischröllchen herausnehmen. Zahnstocher entfernen. Den Bratenfond mit Crème fraîche verrühren. Kalbfleischröllchen in der Sauce wenden.

Risi-Bisi

1 kleine Zwiebel
1 EL Butter
1 Tasse Basmati-Reis
2 Tassen Fleischbrühe
½ Tasse junge Erbsen, tiefgekühlt
frische Petersilie, davon 1 EL gehackt

Die Zwiebel klein hacken und in Butter goldgelb braten. Reis dazugeben und anrösten, bis er glasig wird. Mit Brühe ablöschen. Auf kleiner Flamme ca. 12 Minuten kochen. Erbsen dazurühren und 5 Minuten weiterkochen. Gehackte Petersilie unterrühren und warm stellen. Mit einem Petersilienzweig dekorieren und mit ein paar Flöckchen Kräuterbutter servieren.

Kalbfleisch mit Amaranth und Mais

Mexiko

1 Gemüsezwiebel
2 EL Öl
1 ½ Tassen Amaranth
1 Tasse Fleischbrühe
300 g Kalbfleisch, in Streifen geschnitten
2 EL Butter
Pfeffer und Salz
1 Tasse Maiskörner aus der Dose
½ Tasse feingehackte rote Paprikaschote
1 EL grüner Pfeffer aus dem Glas
1 EL gehackte Petersilie

Die geschälte Zwiebel klein hacken. In einem großen Topf Öl erhitzen und die Zwiebel darin goldbraun braten. Amaranth dazugeben und durchrösten. Mit Fleischbrühe aufgießen. Zudecken und auf kleiner Flamme kochen. In einer Pfanne Kalbfleischstreifen in Butter goldbraun braten. Mit Pfeffer und Salz würzen. Maiskörner, Paprikaschote, Pfefferkörner und Petersilie dazugeben und langsam schmoren. Kalbfleisch mit Amaranth mischen. Zudecken und 5 Minuten ausquellen lassen. Mit Salat servieren.

Tip: Kapern oder Oliven anstelle von grünen Pfefferkörnern verwenden.

Pikantes Kalbfleisch-Ragout ***Italien***

400 g Kalbfleisch
1 Zwiebel
1 Stange Sellerie
1 Knoblauchzehe, zerdrückt
3 EL Öl
$^{1}/_{4}$ l Fleischbrühe
4 EL Sherry
300 g gehackte Tomaten aus der Dose
10 grüne Oliven ohne Stein (aus dem Glas)
5 EL kleine Perlzwiebeln (aus dem Glas)
2 EL gehackte Petersilie
2 EL gehacktes Basilikum
1 Prise Muskatnuß
1 Prise Pfeffer
Salz
$^{1}/_{8}$ l saure Sahne
2 EL Maisstärke
Zitronensaft und Zucker

Kalbfleisch in 3 cm große Würfel schneiden. Zwiebel und Sellerie kleinwürfelig schneiden. Zwiebel in Öl glasig braten. Sel-

leriewürfel, Knoblauch und Kalbfleischwürfel dazugeben und unter Rühren anbräunen. Mit Fleischbrühe aufgießen. Sherry und Tomaten dazugeben. Kochen, bis die Flüssigkeit zur Hälfte verdampft ist. Oliven, Perlzwiebeln, Kräuter und Gewürze einrühren. Saure Sahne mit Maisstärke glattrühren und die Sauce damit binden. Mit Zitronensaft und Zucker abschmecken.
Als Beilage glutenfreie Spaghetti oder Basmati-Reis servieren.

Gulasch mit Rindfleisch

Ungarn

500 g Gemüsezwiebel
6 EL Öl
1 Knoblauchzehe, zerdrückt
500 g Rindfleisch aus der Keule, in 2 cm große Würfel geschnitten
½ l kräftige Fleischbrühe
¼ l Rotwein
6 EL edelsüßes Paprikapulver
1 TL Majoran
½ TL gemahlener Kümmel
½ TL Pfeffer
1 Prise Muskat
unbehandelte Schale von ½ Zitrone
150 g saure Sahne
2 EL Maisstärke

Zwiebel schälen und kleinwürfelig schneiden. In heißem Öl goldgelb rösten. Knoblauch und Rindfleisch mit den Zwiebeln unter Rühren anbraten. Mit Brühe und Rotwein aufgießen. Die Gewürze und Zitronenschale dazugeben. Auf kleiner Flamme einkochen, bis die halbe Flüssigkeit verdampft ist. Die Zitronenschale herausfischen. Saure Sahne

mit Maisstärke glattrühren. Die Sauce damit binden und abschmecken.
Als Beilage glutenfreie Nudeln oder Reis reichen.

Varianten:

Kalbsgulasch

500 g Kalbfleisch anstelle von Rindfleisch, statt Rotwein $^{1}/_{4}$ l Weißwein verwenden! Zubereitung wie oben beschrieben.

Schweinsgulasch

500 g Schweinefleisch verwenden und wie Rindsgulasch zubereiten.

Tip: Gulasch kann auch mit Puten- oder Kaninchenfleisch zubereitet werden. Im Schnellkochtopf reduziert sich die Kochzeit für Gulasch beträchtlich.

Hackfleischbällchen

Schweden

wahlweise

1 kleine Zwiebel
1 EL Butter
400 g mageres Hackfleisch
(Rind und Schwein gemischt)
5 EL glutenfreie Semmelbrösel
1 Ei oder 1 EL pflanzlicher Ei-Ersatz
1 EL geriebener Käse (Emmentaler oder Gouda)
1 TL Senf
½ TL Thymian
½ TL Currypulver
1 Prise Pfeffer
1 Prise Salz

ZUM AUSBACKEN:
ca. 500 g Butterschmalz oder ½ l Öl

Geschälte Zwiebel fein hacken und in Butter goldgelb anschwitzen. Hackfleisch dazurühren und vom Feuer nehmen. Mit den restlichen Zutaten vermischen. Walnußgroße Fleischbällchen formen. In heißem Butterschmalz knusprig braun ausbacken.
Hackfleischbällchen können warm oder kalt serviert werden. Als Beilage passen Salate, Saucen, Dips und Mixed pickles. Hackfleischbällchen eignen sich auch als Einlage für deftige Suppen!

Tip: Kinder mögen Hackfleischbällchen am liebsten mit Pommes frites und Ketchup.

Gefüllter Hackbraten **_Deutschland_**

300 g Blattspinat, tiefgekühlt
Pfeffer
Salz
Muskatnuß
3 Scheiben Reiscracker
$\frac{1}{8}$ l Milch
1 Zwiebel
2 EL Öl
500 g mageres Hackfleisch
(Rind und Schwein gemischt)
5 EL glutenfreie Semmelbrösel
1 Ei
1 EL gehackte Petersilie
1 EL Senf
1 EL Tomatenmark
$\frac{1}{2}$ Knoblauchzehe, zerdrückt
$\frac{1}{2}$ TL Majoran
$\frac{1}{2}$ TL Thymian
$\frac{1}{2}$ TL Salz
$\frac{1}{2}$ TL Pfeffer

ZUM BRATEN:

4 EL Butter
$\frac{1}{8}$ l Gemüsebrühe

Blattspinat 3 Minuten in kochendem Wasser blanchieren. Abseihen und würzen. Reiscracker in Stücke brechen und in Milch einweichen. Zwiebel schälen, klein hacken und in heißem Öl goldbraun rösten. Reiswaffeln ausdrücken und mit Hackfleisch und den restlichen Zutaten in eine große Schüssel geben. Die Fleischmasse durchkneten und zu einem Laib formen. Eine längliche Kerbe hineindrücken. Den Spinat in die Kerbe füllen. Mit Fleischmasse einhüllen. Bratpfanne mit Butter fetten. Hackbraten mit Butterflöckchen belegen und im vorgeheizten Backrohr ca. 40 Minuten braten. Während des Bratens mehrmals mit Gemüsebrühe und Bratenfond begießen. Als Beilage gibt es

Kartoffelpüree

2 faustgroße, mehlig kochende Kartoffeln
ca. 1/8 l Milch
1 EL Butter

Kartoffeln schälen, in Würfel schneiden und in Salzwasser weich kochen. Kartoffeln abseihen. Milch aufkochen. Kartoffeln mit heißer Milch und Butter zu Püree stampfen. Mit Salz und frisch geriebener Muskatnuß abschmecken. Kartoffelpüree nach Bedarf mit Milch oder Sahne verdünnen.

Lammhack-Auflauf mit Gemüse

Griechenland

600 g Lammhack
2 EL Olivenöl
½ TL getrockneter Thymian
½ TL getrockneter Oregano
1 Knoblauchzehe, zerdrückt
2 große Kartoffeln
1 große Aubergine
1 Zucchino
4 große, feste Fleischtomaten
Salz und Pfeffer
6 EL Olivenöl
ca. 200 g geriebener Käse
Basilikum
frische Minze

Lammhack in Olivenöl krümelig braten. Gewürze und Knoblauch unterrühren. Kartoffeln schälen, mit Aubergine, Zucchino und Tomaten in dünne Scheiben schneiden. Bratpfanne mit Olivenöl fetten. Abwechselnd Kartoffelscheiben, Aubergine, Lammhack, Zucchino und Tomate in die Pfanne schichten. Jede Schicht mit Olivenöl beträufeln und leicht salzen. Mit einer Lage Tomaten abschließen. Käse darüberstreuen. Backofen auf 200 °C vorheizen. Den Auflauf ca. 30 Minuten braten. Mit Basilikum und Minze garnieren. Mit Reis oder glutenfreien Makkaroni servieren.

Lammfleisch mit Zwiebeln und Honig

Marokko

4 Lammfilets, ca. 400 g
3 EL Öl
10–15 Schalotten
5 EL Akazienhonig
1 TL Ingwerpulver
1 Prise Kardamom
1 Prise Nelkenpulver
1 Prise Salz
4 EL Madeira
$^{1}/_{8}$ l Fleischbrühe
2 EL geröstete Mandelsplitter

Lammfilets in 4 cm große Stücke schneiden. In heißem Öl anbraten. Schalotten schälen und dazugeben. Unter Rühren braten, bis die Zwiebeln goldbraun sind. Honig unterrühren. Gewürze dazugeben. Mit Madeira und Fleischbrühe ablöschen. Auf kleiner Flamme köcheln, bis die Flüssigkeit eingedickt ist. Mit Mandelsplittern bestreuen.
Als Beilage sehr empfehlenswert:

Safran-Hirse

1 Tasse Hirse, 1 Tasse Hühnerbrühe, $^{1}/_{2}$ TL Safran, $^{1}/_{2}$ TL mildes Currypulver und 1 EL Butter in einer feuerfesten Schale vermischen. Im Wasserbad zugedeckt ca. 15 Minuten kochen. Hirse durchrühren und ausquellen lassen. Zum Portionieren Tasse mit heißem Wasser ausspülen. Hirse hineindrücken und stürzen. Mit Zitronenscheibe und Cocktailkirsche verzieren.

Schweine-Medaillons Pariser Art

Frankreich

2 Schweinefilets (ca. 300 g)
Salz und Pfeffer
3 EL Buchweizenmehl
2 Eier
1 EL süße Sahne
5 EL Butterschmalz

Schweinefilets in 3 cm dicke Scheiben schneiden. Die Fleischstücke breitdrücken. Mit Salz und Pfeffer würzen. In Buchweizenmehl panieren. Eier mit Sahne durchschlagen. Die Medaillons in Ei wenden. In heißem Butterschmalz goldbraun ausbacken. Mit Risi-Bisi (siehe Seite 182), Dillkartoffeln oder Salat servieren.

Schweinefleisch süß-sauer

Malaysia

300 g Schweinefilet
3 EL Öl
5 frische Kumquats (wahlweise aus der Dose)
5 EL Bambussprossen aus der Dose
6 frische Litschis (oder aus der Dose)
1 EL kleingeschnittener frischer Ingwer
3 EL süß-saure Sojasauce (»Guadalquivir« oder Tamari aus dem Reformhaus)
1 EL Rohrzucker
1 EL Limettensaft
1 Prise Pfeffer

Schweinefleisch in Streifen, Kumquats in Scheiben schneiden. Öl erhitzen. Schweinefleisch darin unter Rühren braun braten. Kumquats, Bambussprossen, die geschälten, entkernten Litschis sowie Ingwer dazugeben und durchrösten. Sojasauce und Rohrzucker unterrühren. Zugedeckt ca. 5 Minuten schmoren. Mit Limettensaft und Pfeffer abschmecken. Dazu paßt Reis.

Wiener Schnitzel

Österreich

2 Kalbsschnitzel oder Schweinefilets
von je 180 g
Salz und Pfeffer
$\frac{1}{2}$ Tasse Buchweizenmehl
1 Ei
3 EL Milch
1 Tasse glutenfreie Semmelbrösel
250 g Butterschmalz oder $\frac{1}{4}$ l Öl
2 Zitronenscheiben
2 Sardellenfilets
krause Petersilie

Die Schnitzel ca. $\frac{1}{2}$ cm dünn ausklopfen. Mit Salz und Pfeffer würzen. Fleischscheiben beidseitig in Buchweizenmehl drükken. In Ei wenden und mit Semmelbröseln panieren. Fett in der Pfanne erhitzen. Goldbraune Schnitzel ausbacken. Zitronenscheiben mit Sardellenfilets und Petersilie garnieren und auf die Schnitzel legen.
Als Beilage knackigen grünen Salat oder Kartoffelsalat reichen.

Flammende Fleischspießchen ***Argentinien***

300 g Kalbsfilet
300 g Kalbsleber
6–8 Schalotten
4 Holzspießchen
Pfeffer und Salz
Thymian
Oregano
4 EL Öl
3 EL Madeira
3 EL Weinbrand zum Flambieren

Kalbfleisch und Kalbsleber in ca. 4 cm große Stücke schneiden. Schalotten schälen und halbieren. Abwechselnd Fleisch, Leber und Zwiebeln auf Spießchen stecken, kräftig würzen. In heißem Öl rundum braun braten. Mit Madeira ablöschen. Mit Salat und pikanten Saucen servieren. Spießchen kurz vor dem Servieren mit Weinbrand beträufeln und bei Tisch anzünden.

Tip: Bevor Fleisch aufgespießt wird, die Holzspießchen immer einige Minuten in Wasser einweichen. Auf diese Weise rutscht das Fleisch nach dem Braten leichter von den Spießchen.

Lamm in Rotwein

Australien

FÜR DIE MARINADE:

½ l Rotwein
½ l Gemüsebrühe
¼ l Madeira
5 EL Rosinen
5 EL Weinessig
3 Gewürznelken
2 Lorbeerblätter
1 Zwiebel, geviertelt
1 große Knoblauchzehe, halbiert
1 EL Zucker
1 TL Salz
1 TL Pfefferkörner
1 TL getrockneter Oregano
1 TL getrockneter Thymian
1 TL getrockneter Rosmarin
1 Stück unbehandelte Zitronenschale
600 g Lammfleisch ohne Knochen
(Filets oder ausgelöste Keule)
3 EL Maisstärke
150 g saure Sahne

FÜR DIE GARNITUR:

rote Weintrauben, frische Kräuter

Rotwein mit allen Zutaten aufkochen. Vom Feuer nehmen. Lammfleisch hineinlegen und über Nacht beizen.
Das Fleisch in der Rotweinbeize weich kochen. Abseihen und die Beize um mehr als die Hälfte einkochen. Maisstärke mit saurer Sahne glattrühren. Die Sauce damit binden und abschmecken. Das Lamm portionieren und mit der Sauce anrichten. Mit Kräutern und roten Weintrauben garnieren.
Als Beilage grüne Bohnen und gebackene Kartoffeln servieren.

Spezialitäten aus der »Grünen Küche«

Für »eingefleischte« Vegetarier und alle, die es werden wollen.

Die Rezepte sind für 2 Portionen berechnet.

Avocado-Cocktail *USA*

1 Avocado
1 EL Zitronensaft
Pfeffer
Salz
1 große Fleischtomate
2 EL Maiskörner aus der Dose
2 EL Olivenöl
1 EL gehackte Petersilie
1 TL Weinessig
1 TL Honig
1 TL Rohrzucker
2 Salatblätter
2 Zitronenscheiben
2 Cocktailkirschen
Basilikumblätter

Avocado schälen, halbieren und den Kern entfernen. Fruchtfleisch in kleine Würfel schneiden. Mit Pfeffer, Salz und Zi-

tronensaft marinieren. Tomate kreuzweise einritzen. Kurz in kochendes Wasser tauchen. Die Haut abziehen und den Stielansatz ausschneiden. Halbieren und das Kerngehäuse ausdrücken. Tomatenfleisch in Streifen schneiden. Mit den restlichen Zutaten mischen. Glasschalen mit Salatblättern auslegen. Avocado-Cocktail portionieren. Mit Zitronenscheibe, Cocktailkirschen und Basilikum dekorieren.
Mit getoastetem Baguette und Knoblauchbutter servieren.

Überbackene Hirseröllchen mit Spinat

Niederlande

1 Tasse Hirse
1 Tasse Gemüsebrühe
1 Gemüsezwiebel
1 EL Butter
1 EL gehackte Petersilie
1 Tasse geriebener mittelalter Gouda
300 g Blattspinat, tiefgekühlt
je 1 Prise Pfeffer, Salz und Muskatnuß
2 EL Butter
1 Ei
2 EL süße Sahne
1 Prise Salz
2 EL Maismehl
1 EL Maisstärke

Hirse mit Gemüsebrühe im Wasserbad 15 Minuten kochen. Zwiebel fein hacken und in Butter goldbraun rösten. Petersilie dazurühren. Blattspinat in kochendem Wasser blanchieren. Eine Gratinform mit Butter fetten. Etwas Butter zum Backen der Fladen beiseite legen. Spinat abtropfen lassen. In die Form geben und würzen. Ei, Sahne, Salz, Maismehl und -stärke glattrühren. In einer kleinen Pfanne dünne Fladen ausbacken. Hirse mit Zwiebeln und 4 EL Käse vermischen. Auf die Fladen verteilen. Die Fladen einrollen. Die Röllchen auf das Spinatbett legen, den restlichen Käse darüberstreuen. Im vorgeheizten Backofen knusprig braun überbacken.

Lauchpuffer mit Amaranth ***Peru***

1 Tasse Amaranth
1 Tasse Gemüsebrühe
½ Tasse Maisgrieß
2 kleine Stangen Lauch
2 EL Butter
1 EL pflanzlicher Ei-Ersatz
1 TL Majoran
1 Prise Pfeffer
1 Prise Salz

ZUM AUSBACKEN:
ca. 5 EL Öl

Amaranth, Gemüsebrühe und Maisgrieß im Wasserbad 7 Minuten kochen. Lauch in dünne Streifen schneiden. Mit Wasser abspülen. Auf einem Sieb abtropfen lassen und trockentupfen. Lauchstreifen in Butter weich dünsten. Mit Amaranth-Mais und den restlichen Zutaten mischen. Puffer formen und in heißem Öl knusprig braun braten.

Mangold mit Quinoafüllung

Mexiko

1 Tasse Quinoa
1 Tasse Gemüsebrühe
3 EL Maisgrieß
1 Zwiebel
1 Stück Sellerieknolle
1 Karotte
2 EL Öl
1 EL pflanzlicher Ei-Ersatz
1 EL gehacktes Basilikum
1 EL gehacktes Liebstöckelkraut
½ Knoblauchzehe, zerdrückt
1 TL »Biobin«
Pfeffer und Salz
3–4 Mangoldblätter
1 EL Butter für die Backform
4 EL geriebener Käse
3 EL süße Sahne
1 EL Maisstärke

Quinoa, Gemüsebrühe und Maisgrieß im Wasserbad 7 Minuten kochen. Zwiebel schälen und klein hacken. Sellerie und Karotte schälen und fein raspeln. Alles zusammen in heißem Öl goldbraun schmoren. Ei-Ersatz, Kräuter, Knoblauch und Biobin dazugeben, und mit Quinoa vermischen.
Zähe Mittelrippen der Mangoldblätter ausschneiden. Blätter 3 Minuten in Salzwasser blanchieren. Abtropfen lassen und trockentupfen. Quinoa-Gemüse-Mischung auf die Blätter verteilen, und einrollen. Gratin mit Butter fetten. Mangoldrollen in die Form legen und sanft flachdrücken. Sahne aufkochen und mit Maisstärke binden. Sauce mit Käse verrühren, und über die Mangoldrollen gießen. Im vorgeheizten Backofen bei 220 °C ca. 20 Minuten goldbraun überbacken.

Gemüse im Backteig

Türkei

4 kleine Tomaten
4 zarte Karotten
4 Schalotten
4 Zucchinoscheiben
ca. 150 g Blumenkohlröschen
ca. 150 g Broccoliröschen
1 EL Zitronensaft
Salz
1/8 l Milch
2 Eigelb
2 EL Hirseflocken
1 EL Buchweizenmehl
1 TL Biobin
1/2 TL Salz
1/2 TL Zucker
2 Eiweiß

ZUM AUSBACKEN:
ca. 1/2 l Öl

Tomaten kreuzweise einritzen. In kochendes Wasser tauchen und die Haut abziehen. Stielansätze ausschneiden. Karotten und Schalotten schälen. Gemüse in eine große Schüssel geben. Mit Zitronensaft und Salz würzen.
Milch, Eigelb, Hirseflocken, Buchweizenmehl, Biobin, Salz und Zucker zu einem Teig verrühren. Eiweiß zu steifem Schnee schlagen. Eischnee unter die Teigmasse heben. Den Teig eventuell mit etwas Milch verdünnen. Öl zum Fritieren erhitzen. Gemüse in Backteig wenden. Bei mäßiger Hitze goldbraun ausbacken. Mit Sahne-Kräuter-Dip (siehe Seite 125) servieren.

Fritierte Tofubällchen

Japan

500 g Tofu (Sojabohnenquark), kleingeschnitten und passiert
½ Tasse glutenfreie Semmelbrösel
½ Tasse geriebener Emmentaler
1 EL pflanzlicher Ei-Ersatz
1 EL gehackte Petersilie
1 EL Öl
1 EL süß-saure Sojasauce
1 TL »Biobin«
½ Knoblauchzehe, zerdrückt
1 Prise Pfeffer
1 Prise Salz
ca. ½ l Öl zum Fritieren

Alle Zutaten zu einem Teig mischen. Mit Salz und Pfeffer abschmecken. Nußgroße Bällchen formen. In heißem Öl schwimmend fritieren, bis sie goldbraun sind.
Auf Salatblättern anrichten.

Tofu-Gratin mit Broccoli

Deutschland

Ca. 300 g Broccoliröschen, tiefgekühlt
250 g Tofu (Sojabohnenquark), in kleine Würfel geschnitten
2 EL Butter
4 EL gehobelte weiße Mandeln
4 EL Knoblauch-Crème-fraîche
Pfeffer und Salz
$\frac{1}{8}$ l Milch
1 EL Maisstärke
2 Eier
$\frac{1}{2}$ Tasse geriebener Gouda oder Emmentaler

Broccoli in kochendem Salzwasser blanchieren, abtropfen lassen. Eine Gratinform mit Butter fetten, und mit Mandeln ausstreuen. Broccoli mit Tofuwürfeln mischen und in die Form schichten. Mit Salz und Pfeffer würzen. Kleine Tupfer der Crème fraîche dazwischensetzen. Milch aufkochen und mit Maisstärke binden. Eier und Käse darunterrühren. Die Sauce über das Gemüse verteilen. 10–15 Minuten im vorgeheizten Backofen bei ca. 220 °C überbacken.

Kartoffelauflauf mit Tomaten und Zucchino

Mazedonien

3 faustgroße festkochende Kartoffeln
1 große Gemüsezwiebel
1 rote Paprikaschote
2 EL Butter
1 Knoblauchzehe, zerdrückt
getrocknete Kräuter (je 1 TL Basilikum, Thymian und Oregano)
1 TL Salz
1 mittelgroßer Zucchino
2 große Fleischtomaten
2 EL Öl für die Form
1/8 l Milch
1 EL Maisstärke
2 Eier
1 Prise frisch geriebene Muskatnuß
1/2 Tasse geriebener Provolone (italienischer Hartkäse), ersatzweise Emmentaler, mit Parmesan gemischt

Kartoffeln 10 Minuten in Salzwasser kochen, abseihen und schälen. Gemüsezwiebel schälen. Paprikaschote halbieren und Kerngehäuse entfernen. Zwiebel und Paprika klein hacken, und in Butter anschwitzen. Knoblauch, Kräuter und Salz dazurühren. Kartoffeln, gewaschenen Zucchino und Fleischtomaten in Scheiben schneiden. Eine Gratinform einfetten. Kartoffelscheiben schindelartig einlegen. Abwechselnd Zucchino-, Tomaten- und Kartoffelscheiben aufschichten. Auf jede Lage die Zwiebel-Paprika-Kräuter-Mischung streichen. Mit einer Kartoffelschicht abschließen.
Milch aufkochen und mit Maisstärke binden. Eier unterrühren. Sauce mit geriebener Muskatnuß würzen und über den Kartoffelauflauf verteilen. Käse darüberstreuen. Im vorgeheizten Backofen bei 220 °C ca. 20 Minuten knusprig braun ausbacken.

Überbackener Zucchino **_Italien_**

1 mittelgroßer Zucchino
¼ l Gemüsebrühe
4 Schalotten
2 EL Butter
1 rote Paprikaschote
5 schwarze Oliven ohne Stein
2 EL Butter
2 EL gehackte Kräuter: Basilikum, Estragon, Kerbel
1 Prise Pfeffer
1 Prise Salz

NACH BELIEBEN:

½ Knoblauchzehe, zerdrückt
4 EL frisch geriebenen Parmesan oder Greyerzer Käse

Zucchino halbieren und das Fruchtfleisch mit einem Löffel herauslösen. Einen Rand von ca. ½ cm stehenlassen.
Die Zucchinohälften ca. 5 Minuten in Gemüsebrühe dünsten. Herausheben und abtropfen lassen. Zucchinofleisch kleinwürfelig schneiden. Zwiebeln schälen und klein hacken. Paprikaschote halbieren, Kerngehäuse entfernen. Paprika und Oliven in kleine Würfel schneiden. Zwiebel in Butter glasig rösten. Zucchino-, Paprikawürfel und Oliven dazugeben und mitdünsten. Kräuter einrühren und mit Pfeffer und Salz abschmecken. Die Gemüsemasse in die Zucchinohälften füllen. Mit Käse bestreuen und in eine gebutterte Auflaufform setzen. Etwas Gemüsebrühe angießen. Nach Belieben Butterflöckchen draufsetzen. Bei 220 °C im vorgeheizten Backofen 15–20 Minuten überbacken. Mit getoastetem Baguette und Knoblauchbutter servieren.

Spinat-Soufflé

Frankreich

150 g tiefgekühlter, passierter Spinat
3 EL Buchweizenmehl
2 EL Maisstärke
1 EL Maismehl
$^{1}/_{8}$ l Milch und ca. 5 EL Milch zum Anrühren
1 TL Butter
1 Prise Salz
1 Prise Pfeffer
1 Prise geriebene Muskatnuß
2 Eier
2 Eiweiß
Butter für die Souffléförmchen

Buchweizenmehl, Maisstärke und -mehl gut durchmischen. Milch mit Butter und den Gewürzen aufkochen. Die Mehlmischung mit etwas Milch glattrühren. In die kochende Milch rühren. Eier mit einem Schneebesen unter die Masse ziehen. Eiweiß zu steifem Schnee schlagen. Spinat unter die Masse rühren, den Eischnee unterheben. Souffléförmchen mit Butter einfetten.
Die Masse einfüllen. Auf den Rost im vorgeheizten Backofen schieben. Bei 220 °C ca. 20 Minuten backen.
Die angegebene Menge reicht für 4–5 Förmchen mit 8 cm Ø.

Soja-Reis-Bratlinge

Japan

180 g Reisflocken
1/8 l kohlensäurehaltiges Mineralwasser
1 kleine Stange Lauch
1 kleine Karotte
1 EL Butter
100 g Tofu, fein gehackt
100 g Sojasprossen
1 EL gemahlene braune Mandeln
1 EL Hirseflocken
1 EL Buchweizenflocken
1 EL süß-saure Sojasauce (»Guadalquivir« oder Tamari aus dem Reformhaus)
1 TL Biobin
1/2 TL Currypulver

ZUM AUSBACKEN:
ca. 4 EL Sojaöl

Reisflocken mit Mineralwasser verrühren. 5 Minuten quellen lassen. Lauch klein schneiden, abspülen und trockentupfen. Karotte schälen und fein raspeln. Lauch und Karotte kurz in Butter dünsten. Alle Zutaten miteinander verrühren. Flache Bratlinge daraus formen und in heißem Öl knusprig braun braten.

Gefüllte Datteln

Israel

6 EL Hüttenkäse
4 EL Kräuter-Crème-fraîche
2 EL Mango-Chutney (fertig gekauft)
½ TL Currypulver
4 EL geriebener Emmentaler
ca. 250 g Datteln, frisch oder getrocknet, entsteint

Hüttenkäse, Crème fraîche, Mango-Chutney und Currypulver verrühren. Datteln mit Käsecreme füllen und mit geriebenem Emmentaler bestreuen.
Köstlich als kleine Appetithappen!

Nudeln, Spätzle, Polenta, Knödel, Kroketten, Tortillas und Pizzaböden

Mit den neu entwickelten Rezepten sind hausgemachte Nudeln, Knödel und herzhafte Suppeneinlagen im Handumdrehen fertig.

Wichtiger Hinweis!

Für das Gelingen der Rezepte sind genaues Wiegen und Messen erforderlich. Die Mengen sind deshalb in Gramm angegeben.
Auch wenn glutenfreie Teigherstellung für Sie Routine geworden ist, sollten die Zutaten nicht über den Daumen gepeilt werden.
Von Johannisbrotkernmehl (»Biobin«) und der Pfeilwurz-Stärke »Arrowroot« (*Arrowroot* ist aus den englischen Wörtern für Pfeil »Arrow« und Wurzel »root« zusammengesetzt), werden jeweils nur wenige Gramm benötigt. Arrowroot und Biobin müssen deshalb auf einer Diät- oder Briefwaage grammgenau gewogen werden!
Glutenfreie Mehle und Stärken unbedingt mischen und sieben! Da die Bindekraft des Getreideklebers bei glutenfreien Mehlen fehlt, wurde für die Rezepte das »Brandteig-Prinzip« angewendet. Dadurch entsteht ein knet- und formbarer Teig, der sich von »normalem« Teig kaum unterscheidet.

Die folgenden Rezepte sind für 2 Portionen berechnet.

Maisnudeln

70 g Maismehl
60 g Maisstärke
6 g Arrowroot (Pfeilwurzmehl)
$^{1}/_{8}$ l Wasser oder Milch
1 EL Öl
$^{1}/_{2}$ TL Salz
1 Prise geriebene Muskatnuß

Zum Kochen:
1 $^{1}/_{2}$ l Wasser
1 TL Salz

Zum Schwenken:
1 EL Butter

Maismehl, Maisstärke und Arrowroot mischen. Milch aufkochen. Mehlmischung einrühren und so lange rühren, bis sich die Teigmasse vom Topfboden löst. Vom Feuer nehmen und abkühlen lassen. Mit einem Löffel kleine Teigmengen ausstechen. Zwischen den Handflächen zu Nudeln rollen. Auf kleiner Flamme ca. 4 Minuten kochen. Nudeln mit einer Schaumkelle herausheben. In heißer Butter schwenken und servieren.

Tip: Nudelteig erkalten lassen. Ausrollen und Nudeln in gewünschter Länge schneiden, oder mit einem Keksausstecher originelle Formen ausstechen. Der Teig eignet sich auch für gefüllte Spezialitäten wie Ravioli oder Maultaschen.
Zum Bestreuen der Arbeitsfläche beim Ausrollen eine Schüssel Mehlmischung aus halb Maismehl und halb -stärke zurechtstellen!

Buchweizenspätzle

40 g Buchweizenmehl
60 g Maisstärke
20 g Maismehl
6 g Arrowroot (Pfeilwurzmehl)
1 EL Öl
$^1/_2$ TL Salz
$^1/_8$ l Milch oder Wasser

ZUM KOCHEN:
1 $^1/_2$ l Wasser
$^1/_2$ TL Salz

ZUM SCHWENKEN:
1 EL Butter

Teigzubereitung wie bei Maisnudeln beschrieben. Den Teig entweder auf ein Schneidbrett geben und mit einem Messer in siedendes Wasser schaben oder die Spätzle durch einen Spätzlehobel drücken und ca. 3 Minuten auf kleiner Flamme kochen. Mit einer Schaumkelle herausheben. In heißer Butter schwenken.

Tip: Wenn »Teighobeln« nicht Ihre Stärke ist, den Spätzleteig einfach mit einem kleinen Löffel ausstechen.

Variante:

Spätzle mit Zwiebel und Schinken

1 geschälte Zwiebel in Ringe, 100 g Schinken in Streifen schneiden. Zwiebel in 1 EL Butter goldbraun rösten. Schinken und Spätzle dazugeben, würzen und noch kurz durchbraten.

Polenta

nennt man den italienischen Maisbrei, der aus Maisgrieß hergestellt wird. Auf eine Platte gestrichen und erkaltet in Scheiben geschnitten, sodann in Butter gebraten, ist Polenta als Beilage nicht nur in der glutenfreien Küche gefragt. Auch in manchen Gegenden Österreichs werden Maisgrieß und -mehl als Polenta bezeichnet.

Polenta-Basisrezept

wahlweise

Kein Umrühren, kein Anbrennen, kein Überkochen!

1 EL Butter
1 Tasse Maisgrieß
1 Tasse Wasser oder Milch
1 Prise Salz

Eine Auflaufform mit Butter fetten. Maisgrieß mit Wasser oder Milch und Salz verrühren. In die Form geben. Im zugedeckten Wasserbad auf kleiner Flamme 20 Minuten kochen. Erkalten lassen. Stürzen und in Scheiben schneiden. In Butter braten und als Beilage servieren.

Varianten:

Polenta mit Kräutern

wahlweise

Nach dem Kochen 2 EL gehackte Kräuter wie Kerbel, Liebstöckel, Basilikum und Petersilie in den Maisgrieß rühren und erkalten lassen.

Paprika-Polenta

wahlweise

$^{1}/_{2}$ rote Paprikaschote klein hacken, vor dem Kochen in den Maisgrieß rühren.

Curry-Polenta

wahlweise

1 TL Currypulver vor dem Kochen in den Maisgrieß rühren.

Schichtkäse-Polenta-Auflauf

½ Apfel (Boskoop oder Delicious)
⅛ l Milch
1 TL Butter
60 g Maisgrieß
200 g Schichtkäse (Topfen)
4 EL Zucker
3 Eigelb
1 TL abgeriebene unbehandelte Zitronenschale
3 Eiweiß

FÜR DIE AUFLAUFFORM:
1 EL Butter

ZUM BESTREUEN:
2 EL gehobelte Mandeln

Apfel schälen, halbieren und Kerngehäuse ausstechen. Apfelhälfte grob raspeln. Milch mit Butter aufkochen. Maisgrieß einrühren und so lange rühren, bis sich die Masse vom Topfboden löst. Vom Feuer nehmen. Apfel, Schichtkäse, Zucker, Eigelb und Zitronenschale unterrühren. Eiweiß zu steifem Schnee schlagen. Eischnee unter die Käsemasse heben. Auflaufform oder kleine Souffléförmchen mit Butter fetten. Käsemasse einfüllen. Mit Mandelspänen bestreuen. Im vorgeheizten Backofen bei 200 °C auf mittlerer Schiene ca. 25 Minuten goldbraun backen. Warm servieren und mit Vanille-Puderzukker bestreuen.

Maisgrießnockerl

1/8 l Milch
1 TL Butter
1 Prise Salz
1 Prise geriebene Muskatnuß
60 g Maisgrieß
20 g Maisstärke
10 g Maismehl
5 g Arrowroot (Pfeilwurzmehl)
1 Ei

ZUM KOCHEN:
1 1/2 l Wasser
1 TL Salz

Milch mit Butter, Salz und Muskatnuß aufkochen. Maisgrieß, -mehl, -stärke und Arrowroot vermischen. Mit einem Schneebesen in die kochende Milch rühren und so lange schlagen, bis sich der Teig vom Topfboden löst. Vom Feuer nehmen und das Ei unterrühren. Teig abkühlen lassen. Mit einem Löffel Nockerl ausstechen und in siedendem Wasser auf kleinster Flamme 3 Minuten garen.
Grießnockerl sind eine beliebte Suppeneinlage. Doch Kinder schwärmen mehr von den süßen Varianten auf der folgenden Seite.

Süße Varianten:

Grießnockerl mit Schokoladensauce

Schokoladensauce nach Rezept auf Seite 130 zubereiten. Grießnockerl mit Sauce überziehen und mit Schlagsahne verzieren.

Grießnockerl mit Erdbeersauce

Erdbeersauce nach Rezept auf Seite 130 vorbereiten und mit den Grießnockerln servieren. Diese Variante kann auch kalt serviert werden.

Spinatnockerl

1/8 l Milch
1 TL Butter
60 g Maisgrieß
30 g Maisstärke
30 g Buchweizenmehl
40 g passierter Spinat
8 g Arrowroot (Pfeilwurzmehl)
1 Prise Salz und Pfeffer

ZUM KOCHEN:
1 1/2 l Wasser
1 TL Salz

Milch mit Butter aufkochen. Maisgrieß, -stärke und Arrowroot mischen. Mit einem Schneebesen in die kochende Milch rühren. Spinat, Salz und Pfeffer dazurühren. Die Masse 10 Minuten ausquellen lassen. Mit einem Löffel Nockerl ausstechen und in siedendes Wasser legen. Auf kleiner Flamme ca. 4 Minuten köcheln. Mit einer Schaumkelle herausheben. Nach Belieben in heißer Butter schwenken.

Tip: Portionierten tiefgekühlten Spinat verwenden. Die Spinatbällchen wiegen jeweils 30–40 g!

Varianten:

Spinatnockerl mit Käse überbacken

Die fertigen Nockerl in eine gebutterte Auflaufform füllen. Mit $^1/_2$ Tasse geriebenem mittelalten Gouda oder Emmentaler bestreuen. Kräuterbutterflöckchen daraufsetzen und goldbraun überbacken.

Spinatnockerl-Auflauf

Auflaufform mit Butter fetten, die Spinatnockerl hineinlegen. 150 g in Streifen geschnittenen Kochschinken darüberstreuen. 3 Eier mit 6 EL Sahne, Pfeffer und Salz verschlagen und darübergießen.
2 Scheiben Chester-Käse in kleine Stücke schneiden und darüberstreuen. Im vorgeheizten Backofen bei 200 °C ca. 20 Minuten backen.

Hirse-Kartoffel-Knödel

1/8 l Milch
50 g Hirseflocken
40 g Maisgrieß
10 g Maisstärke
1 große mehligkochende Kartoffel (ca. 180 g)
5 g Arrowroot (Pfeilwurzmehl)
1/2 TL Salz
1 Prise geriebene Muskatnuß
1 Prise Pfeffer

ZUM KOCHEN:
1 1/2 l Wasser
1 TL Salz

Milch aufkochen. Hirseflocken, Maisgrieß und -stärke mischen. In die kochende Milch schütten und so lange rühren, bis sich der Teig vom Topfboden löst. Vom Feuer nehmen und abkühlen lassen.
Kartoffel schälen und feinstmöglich raspeln. Kartoffelraspel fest ausdrücken – sie müssen fast trocken sein! Mit der Hirsemasse verrühren. Arrowroot, Salz, Muskatnuß und Pfeffer dazugeben. Die Masse durchkneten. 10 Minuten ruhen lassen. Kleine Knödel von ca. 4 cm Ø formen. In kochendes Wasser geben. Auf kleiner Flamme 12–15 Minuten garen.

Tip: Teigwaren, Knödel, Reis etc. niemals in kaltem Wasser zum Kochen bringen!

Varianten:

Kartoffelspatzen mit Mohn

Mit einem Löffel kleine Spatzen aus Hirse-Kartoffel-Knödelteig (siehe vorhergehendes Rezept) stechen. 10 Minuten kochen. 4 EL Butter schmelzen und darin 4 EL Mohn leicht anrösten. Die Spatzen nach dem Kochen in Mohnbutter wälzen. Mit flüssiger Butter beträufeln und mit reichlich Vanille-Puderzucker bestreuen oder mit Ahornsirup übergießen.

Gefüllte Knödel mit Schinken

Hirse-Kartoffel-Knödelteig, wie auf Seite 216 beschrieben, vorbereiten.
1 Zwiebel klein hacken und in einer Pfanne mit 2 EL Butter goldbraun braten. 250 g Schinken in feine Streifen schneiden. Kurz mitrösten. Mit Salz und Pfeffer abschmecken und mit Majoran würzen. Teig zu einer Rolle formen. In 6 Stücke teilen. Teigstücke flachdrücken und die Schinken-Zwiebel-Mischung darauf verteilen. Einschlagen und Knödel formen. Auf kleiner Flamme 12–15 Minuten garen.

Gefüllte Knödel mit Käse und Kräutern

Teig wie bei Hirse-Kartoffel-Knödeln auf Seite 216 beschrieben vorbereiten.
2 Scheiben glutenfreies Toastbrot in kleine Würfel schneiden. In einer Pfanne mit 2 EL Butter goldbraun rösten. 200 g Emmentaler, Cheddar oder mittelalten Gouda in Würfel schneiden. 2 EL gehackte Kräuter, frisch oder tiefgekühlt, Salz, Pfeffer, Brotwürfel, Käse und Kräuter mischen und würzen. Teig zu einer Rolle formen. In 6 Stücke teilen. Teigstücke flachdrükken. Käsemischung darauf verteilen. Einschlagen und Knödel formen. Auf kleiner Flamme 12–15 Minuten garen.

Aprikosenknödel

Teig nach Rezept Hirse-Kartoffel-Knödel (siehe Seite 216) vorbereiten. Statt geraspelter Kartoffel

4 EL glutenfreies Kartoffelpüreepulver

in den Teig kneten. Muskatnuß und Pfeffer weglassen!

ZUM KOCHEN:
1 ½ l Wasser
½ TL Salz

10–12 kleine Aprikosen
100 g Rohmarzipan
150 g Butter
150 g glutenfreie Semmelbrösel oder Haselnüsse

Teig zu einer Rolle formen. In 10–12 Stücke teilen. Aprikosen entkernen. Anstelle des Kerns ein Stück Marzipan einsetzen.

Teigstücke flachdrücken. Aprikosen mit Teig umhüllen und fest andrücken. Knödel in kochendes Wasser geben. Auf kleiner Flamme 10–15 Minuten köcheln. Butter schmelzen und Semmelbrösel oder Haselnüsse darin goldbraun rösten. Knödel mit einer Schaumkelle aus dem Kochwasser heben. In Butterbröseln rollen. Mit Vanille-Puderzucker bestreuen und servieren.

Topfenknödel

1/8 l Milch
60 g Maisgrieß
40 g Maisstärke
8 g Arrowroot (Pfeilwurzmehl)
1 Ei
180 g Topfen (Schichtkäse)
1 EL Zucker
1 TL abgeriebene unbehandelte Zitronenschale
1 Prise Salz

Zum Kochen:
1 1/2 l Wasser
1/2 TL Salz

Zum Bestreuen:
2 EL Butter
3 EL glutenfreie Semmelbrösel
Vanille-Puderzucker

Milch aufkochen. Maisgrieß, -stärke und Arrowroot mischen. In die kochende Milch einrühren und so lange rühren, bis sich die Masse vom Topfboden löst. Vom Feuer nehmen und das Ei einrühren. Restliche Zutaten dazurühren. Den Teig 5 Minuten ruhen lassen.

Einen Probeknödel kochen! Nötigenfalls noch etwas Arrowroot und Maisgrieß in die Masse rühren. Kleine Knödel von ca. 4 cm Ø formen. In siedendes Wasser legen und auf kleinster Flamme ca. 10 Minuten ziehen lassen. Semmelbrösel in Butter goldbraun rösten. Topfenknödel mit einer Schaumkelle aus dem Kochwasser heben. Knödel mit Butterbröseln und Vanille-Puderzucker bestreuen. Mit Pflaumenkompott servieren.

Frittaten

1/8 l kohlensäurereiches Mineralwasser
2 Eier
60 g Maismehl
30 g Maisstärke
1/2 TL Salz
1 Prise Zucker

ZUM AUSBACKEN:
ca. 2 EL Öl

Sämtliche Zutaten mit dem Schneebesen verrühren. Den Teig 7 Minuten quellen lassen. Den fast flüssigen Teig mehrmals durchrühren! Heiße Pfanne mit Öl einpinseln. Teig hineingeben und durch leichtes Kippen der Pfanne auseinanderfließen lassen. Nacheinander dünne Pfannkuchen ausbacken. Frittaten abgekühlt in dünne Streifen schneiden.
Frittaten sind als Einlage für klare und cremige Suppen geeignet.

Tip: Geschnittene Frittaten portionieren und auf Vorrat einfrieren.

Kartoffelkroketten

wahlweise

1/8 l Sahne
40 g glutenfreies Kartoffelpüreepulver
20 g Maisgrieß
10 g Maisstärke
1 EL pflanzlicher Ei-Ersatz oder 1 Ei
7 g Arrowroot (Pfeilwurzmehl)
1/2 TL Salz
1 Prise geriebene Muskatnuß

ZUM AUSBACKEN:
ca. 500 g Butterschmalz oder 1/2 l Öl

Sahne aufkochen. Kartoffelpüreepulver, Maisgrieß und -stärke einrühren. So lange rühren, bis sich der Teig vom Topfboden löst. Vom Feuer nehmen und Ei-Ersatz oder Ei, Arrowroot, Salz und Muskatnuß einrühren. 7 Minuten ruhen lassen. Teig zu einem ca. 2 cm dünnen Strang rollen. In 10–12 Teile schneiden. Zu Kroketten formen.
Diese in heißem Fett schwimmend goldbraun ausbacken.

Varianten:

Mandelkroketten

Teig nach Rezept Kartoffelkroketten vorbereiten.

1 EL geschälte, gemahlene Mandeln
1 Ei
ca. 100 gehobelte Mandeln

Gemahlene Mandeln in den Teig kneten. Teig zu einem ca. 2 cm dünnen Strang rollen. In 10–12 Teile schneiden, diese etwas abrunden. Ei mit einer Prise Salz verschlagen. Kroketten in Ei wenden und in gehobelten Mandeln wälzen. Auf kleiner Flamme in Fett schwimmend goldbraun ausbacken.

Nußkroketten

Teigvorbereitung nach Rezept Mandelkroketten auf Seite 221. Anstelle von gemahlenen Mandeln 1 EL feingemahlene Walnüsse in den Teig kneten. Die Kroketten in Ei wenden und in ca. 100 g grobgehackten Walnüssen wenden. In heißem Fett schwimmend goldbraun ausbacken.

Sesamkroketten

Teig wie bei Kartoffelkroketten (siehe Seite 221) beschrieben vorbereiten. Statt gemahlenen Mandeln oder Nüssen ca. 1 EL Sesamsamen in den Teig kneten. Die Kroketten in Ei wenden und in ca. 100 g Sesamsamen wälzen. In heißem Fett schwimmend goldbraun ausbacken.

Tip: Kroketten schmecken noch mal so gut, wenn sie in Butterschmalz gebacken wurden.

Pignatelli

Italienische Spezialität

$^{1}/_{8}$ l Wasser
30 g Butter
1 Prise Salz
40 g Maismehl
30 g Maisstärke
5 g Arrowroot (Pfeilwurzmehl)
2–3 Eier
20 g geriebener Parmesan
100 g feingehackter Schinken

ZUM AUSBACKEN:
ca. $^{1}/_{2}$ l Öl

Wasser, Butter und Salz aufkochen. Maismehl, -stärke und Arrowroot mischen. In das kochende Wasser einrühren und so lange rühren, bis sich der Teig vom Topfboden löst. Mit einem Schneebesen ein Ei nach dem anderen einrühren. Parmesan und Schinken in den Teig rühren. Mit einem Löffel kleine Klößchen abstechen und in heißem Fett schwimmend ausbacken.

Semmelknödel

6 Scheiben glutenfreies Weißbrot,
ca. 300 g (siehe auch Seite 261)
2 Eier
1/8 l Milch
1 EL Öl
1 EL gehackte Petersilie
1 TL Salz
1 Prise Pfeffer
1 Prise geriebene Muskatnuß
40 g Buchweizenmehl
30 g Maismehl
20 g Maisstärke
6 g Arrowroot (Pfeilwurzmehl)

ZUM KOCHEN:
1 1/2 l Wasser
1 EL Öl
1 TL Salz

Weißbrot in kleine Würfel schneiden und in eine Schüssel geben. Eier, Milch, Öl, Petersilie und die Gewürze verrühren. Über die Weißbrotwürfel gießen. Die Brotwürfel müssen die Flüssigkeit aufsaugen. Mehle, Stärke und Arrowroot mischen, auf die Brotwürfel sieben und gut durchkneten. Den Knödelteig 20 Minuten quellen lassen. Kleine Knödel von ca. 4 cm Ø formen. In kochendes Wasser legen. 10–12 Minuten schwach kochen.

Mais-Tortillas

Die Herstellung echt mexikanischer Tortillas ist ziemlich aufwendig. Versuchen Sie es mit folgendem Rezept!

3 EL Maisstärke
5 EL Wasser
1/8 l Milch
1 EL Öl
1/2 TL Salz
1/2 TL Zucker
3 EL feiner Maisgrieß
1/2 EL Arrowroot (Pfeilwurzmehl)
1 Eiweiß
6 EL Maismehl
Wasser zum Verdünnen

ZUM AUSBACKEN:
2 EL Öl

Maisstärke mit etwas Wasser glattrühren. Milch, Öl, Salz und Zucker zum Kochen bringen. Mit Maisstärke binden und aufkochen. In die heiße Stärkemasse Maisgrieß, Arrowroot und Eiweiß rühren.
Abwechselnd Maismehl und Flüssigkeit einrühren, bis ein dickflüssiger Teig entsteht. Möglichst eine gußeiserne Pfanne erhitzen und mit Öl bepinseln. Etwas Teig hineingeben. Die Pfanne kippen, damit der Teig gleichmäßig dünn auseinanderfließt. Tortillas auf beiden Seiten goldbraun ausbacken.
Tortillas sind wegen ihrer vielseitigen Verwendungsmöglichkeiten eine sehr beliebte Beilage. Sie passen zu Dips, Saucen, Salaten, pikanten und süßen Aufstrichen oder einfach nur zum Knabbern.

Pizzaböden

200 g Butter
300 g Maismehl
250 g Maisstärke
20 g feiner Maisgrieß
10 g Arrowroot (Pfeilwurzmehl)
½ l Wasser
2 EL Öl
1 TL Salz
1 TL Zucker
30 g frische Hefe

ZUM BESTREICHEN:
3 EL Olivenöl

Butter in ca. 3 mm dünne Scheiben schneiden, auf Alufolie legen, und ins Gefrierfach geben. Maismehl, -stärke, -grieß und Arrowroot mischen. Wasser mit Öl, Salz und Zucker aufkochen. Die halbe Mehlmischung hineinschütten und so lange rühren, bis sich der Teig vom Topfboden löst. Den Brühteig auf ein bemehltes Brett geben und abkühlen lassen. Den noch lauwarmen Teig in eine Rührschüssel legen. Die Hefe zerbröseln und mit der restlichen Mehlmischung dazugeben. So lange kneten, bis sich der Teig von der Schüsselwand löst. Der Teig muß eine geschmeidige Konsistenz aufweisen. Eventuell Maismehl und -stärke oder Wasser dazugeben. Arbeitsfläche mit Mehlmischung bestreuen. Teig zu einem Rechteck ausrollen. Eine Teighälfte mit den eisgekühlten Butterscheiben belegen. Die zweite Teighälfte darüberschlagen. Mit dem Teigroller auswellen. Den Teig übereinanderschlagen und ca. ½ cm dünn ausrollen. Einen Tortenring oder eine Springform als Schablone nehmen und Pizzaböden ausschneiden. Mit Olivenöl bestreichen.
Die Pizzen nach Herzenslust belegen und knusprig ausbak-

ken. Oder die Pizzaböden auf Alufolie legen, luftdicht verpacken und auf Vorrat einfrieren.

Tip: Es bleiben keine Teigreste übrig, wenn viereckige Pizzaböden ausgeschnitten werden!

Erfrischende Desserts

Wenn während der Zubereitung niemand nascht, reichen die Zutaten für 2–3 Portionen.

Erdbeerschnee

2 Blatt rote Gelatine
4 Eiweiß
ca. 150 g frische oder tiefgekühlte Erdbeeren
½ Tasse Zucker
Zitronenmelisse zum Garnieren

Gelatine in kaltem Wasser einweichen. Geputzte, kurz abgebrauste Erdbeeren durch ein feines Sieb passieren. Eiweiß in absolut fettfreier Schüssel mit dem Schneebesen aufschlagen, bis sich Ballen bilden. Zucker langsam einrieseln lassen und zu steifem Schnee schlagen. Beim Herausziehen des Schneebesens müssen Spitzen stehenbleiben.
Gelatine ausdrücken und im Wasserbad schmelzen. In die passierten Erdbeeren rühren. Die Erdbeermasse unter den Schnee heben. In Gläsern portionieren und kalt stellen. Mit Zitronenmelisse verziert servieren.

Kirschgrütze

2 EL Sago
$^1/_8$ l Wasser
1 Tasse Sauerkirschen aus dem Glas, abgetropft
1 Tasse Kirschsaft
2–3 EL Zucker
2 Gewürznelken

Sago ca. 15 Minuten im Wasser einweichen. Kirschsaft mit Zucker und Gewürznelken aufkochen. Sago einrühren und 2 Minuten auf kleiner Flamme kochen. Vom Feuer nehmen und die Kirschen unterrühren. In Glasschalen portionieren und kalt stellen. Mit einem Tupfer Schlagsahne servieren.

Himbeergelee mit Agar-Agar

$^1/_8$ l echter Gebirgshimbeersaft
aus dem Reformhaus
$^1/_8$ l Wasser
1–2 TL pulverisiertes Agar-Agar
2 EL Zucker
100 g frische oder tiefgekühlte Himbeeren

Himbeersaft und Wasser aufkochen. Agar-Agar mit Zucker vermischen und in die kochende Flüssigkeit rühren. Vom Feuer nehmen und die Himbeeren einrühren. Portionieren und kalt stellen.

Tip: Agar-Agar bekommen Sie auch im Reformhaus. Es hat eine enorme Gelierkraft, so daß Sie besser sparsam abmessen sollten.

Joghurt-Mango-Dessert

4 Blatt Gelatine
$^1/_2$ vollreife Mango oder 6 Mangofilets aus der Dose
150 g Joghurt
4 EL Zucker
1 TL Limettensaft
$^1/_8$ l süße Sahne
Limettenscheiben und Cocktailkirschen für die Garnitur

Gelatine in kaltem Wasser einweichen. Mango-Fruchtfleisch fein hacken. Mit Joghurt, Zucker und Limettensaft verrühren. Sahne steif schlagen. Gelatine im Wasserbad schmelzen und unter die Schlagsahne ziehen. Die Sahne mit Joghurt-Mango mischen. In Dessertschalen portionieren. Für mindestens 2 Stunden in den Kühlschrank stellen. Mit Cocktailkirschen und Limettenscheiben garnieren und eiskalt servieren.

Mandelpudding

2 EL Maisstärke
$^1/_4$ l Milch
2 Tropfen Bittermandelöl (von Dr. Oetker)
4 EL Honig
2 EL gemahlene Mandeln

Maisstärke mit 2 EL Milch glattrühren. Restliche Milch mit Bittermandelaroma, Honig und gemahlenen Mandeln aufkochen. Maisstärke einrühren und kurz nachkochen. Puddingformen mit kaltem Wasser ausspülen. Pudding einfüllen und erkalten lassen. Stürzen und mit Fruchtsirup oder Schlagsahne servieren.

Tip: Frischhaltefolie auf den heißen Pudding legen, das verhindert harte Hautbildung.

Schokoladen-Hirsepudding

1 EL Maisstärke
¼ l Milch
60 g halbbittere Schokolade
3 EL Hirseflocken
2 EL Zucker
1 TL Kakaopulver

Maisstärke mit etwas kalter Milch glattrühren. Die restliche Milch erhitzen. Schokolade in kleine Stücke teilen und in die Milch geben. Hirseflocken, Zucker und Kakaopulver zufügen. Unter Rühren zum Kochen bringen. Mit angerührter Maisstärke binden. In kalt ausgespülte Puddingformen füllen und kalt stellen. Stürzen und mit einem Tupfer Schlagsahne verzieren.

Variante:

Müsli-Pudding

Schokoladen-Hirsepudding wie beschrieben vorbereiten. Bevor der Pudding mit Maisstärke gebunden wird, je 1 EL Sultaninen, 1 EL gehackte Nüsse und 1 EL kleingehacktes Orangeat hineinrühren.

Kalter Reis mit Früchten

½ Tasse Rundkornreis
1 Tasse Milch
1 EL Zucker
1 Prise Salz
4 Blatt Gelatine, in kaltem Wasser einweichen
Schale von 1/2 unbehandelten Zitrone abreiben
4–5 EL Fruchtcocktail (aus der Dose), abgetropft
150 g gut gekühlte Schlagsahne
2 EL Zucker
Cocktailkirschen
Zitronenmelisse

Reis, Milch, Zucker und Salz in eine feuerfeste Schale geben und im Wasserbad 15 Minuten kochen. Ausquellen und erkalten lassen.
Fruchtcocktail, Zitronenschale und Reis mischen. Die Gelatine ausdrücken und im Wasserbad schmelzen. Die Schlagsahne mit dem Zucker steif schlagen. Gelatine unter die Schlagsahne ziehen. 2–3 EL Sahne für die Garnitur aufbewahren. Schlagsahne unter den Reis heben. In Puddingformen füllen und kalt stellen. Zum Stürzen die Form kurz in heißes Wasser tauchen. Mit Schlagsahne, Cocktailkirschen und Zitronenmelisse verzieren.

Grüner Schnee

2 Blatt weiße Gelatine
3 weiche, reife Kiwis
4 EL Zucker
3 Eiweiß
Minzblätter und
Kiwischeiben für die Garnitur

Gelatine in kaltem Wasser einweichen. Kiwis schälen und durch ein Sieb passieren. Kiwis mit Zucker aufkochen. Gelatine ausdrücken und in der Kiwimasse auflösen. Eiweiß zu steifem Schnee schlagen. Die Kiwimasse unter den Schnee heben. In Cocktailschalen verteilen und kalt stellen. Den grünen Schnee mit Minzblättern und Kiwischeiben dekorieren.

Mandarineneis

4 Mandarinen
180 g Zucker
$^{1}/_{8}$ l Wasser
8 EL Orangensirup
2 EL feinstgehacktes Orangeat
eventuell 1 Schuß Mandarinenlikör
$^{1}/_{8}$ l Schlagsahne
1 TL »Biobin«-Johannisbrotkernmehl

Von den Mandarinen Deckel abschneiden. Die Mandarinen mit einem Löffel ganz aushöhlen. Die ausgehöhlten Früchte tiefkühlen. Fruchtfleisch durch ein feines Sieb passieren. Zukker, Wasser und Orangensirup einkochen. Mit passiertem Fruchtfleisch und Orangeat mischen und erkalten lassen. Schlagsahne steif schlagen. Biobin unter die Fruchtmasse rühren und diese unter die Sahne heben. Ausgehöhlte Mandarinen füllen und den Deckel daraufsetzen. Mandarinen für mindestens 2 Stunden ins Gefrierfach legen. Zum Servieren mit Zitronenmelisseblättern verzieren.

Tip: Süße Orangen anstelle von Mandarinen verwenden!
Fruchteis auf Vorrat herstellen. Das Eis ist bei –18 °C mehrere Monate haltbar.

Fruchtige Mixgetränke

Exotische Früchte wie Ananas, Mango etc. sind nicht immer frisch zur Hand. Ersatzweise darf auf Dosenware zurückgegriffen werden.

Die Rezepte gelten für 1–2 Personen.

Ananas-Kiwi-Drink

2 Scheiben Ananas (evtl. aus der Dose)
1 Kiwi
$^1/_4$ l Mandelmilch (siehe Seite 88)
1 EL Akazienhonig

Ananasscheiben in Stücke schneiden. Kiwi schälen und zerteilen. Mit Mandelmilch und Honig mixen. Mit Zitronenscheiben dekorieren und eisgekühlt servieren.

Bananen-Kokosmilch

1 Banane, voll ausgereift
$^1/_4$ l Kokosmilch (siehe Seite 89)

Banane schälen und in Stücke teilen. Kokosmilch dazugeben und mit dem Pürierstab mixen. Frisch servieren.

Mango-Pfirsich-Flip

1 Mangofrucht
2 Pfirsichhälften, frisch oder aus der Dose
¼ l Milch
Zitronenmelisse

Mango schälen und streifenweise vom Kern schneiden. Pfirsiche zerkleinern. Milch dazugeben und mit dem Pürierstab mixen. Mit Zitronenmelisse garnieren und eisgekühlt servieren.

Erdbeermilch

100 g Erdbeeren, frisch oder tiefgekühlt
3 EL Honig
¼ l Milch

Erdbeeren, Honig und Milch mit dem Pürierstab mixen. Eisgekühlt servieren.

Maracuja-Aprikosen-Milch

⅛ l Maracujasaft
4 reife Aprikosenhälften, frisch oder aus der Dose
⅛ l Milch

Maracujasaft, Aprikosen und Milch mit dem Pürierstab mixen. In geeisten Gläsern servieren.

Karotten-Orangen-Soja-Drink

2 mittelgroße Karotten
1 große Orange
2 EL Rohrzucker
¼ l Sojamilch
1 TL Öl

Die Karotten schälen und kleinwürfelig schneiden. Orangen schälen und die weiße Haut abziehen. Eine Scheibe für die Garnitur abschneiden, das restliche Fruchtfleisch filetieren. Rohrzucker, Sojamilch und Öl dazugeben und mit dem Pürierstab cremig mixen. Mit Orangenscheibe garniert servieren.

Mandelmilch mit Kumquats

Kumquats sind aromatische Zwergorangen, die mit der Schale verzehrt werden. Ihr rassiges Aroma paßt zu allen Mix-Getränken, aber auch zu Saucen und Fleischgerichten.

5–6 Kumquats, frisch oder aus der Dose
3 EL Ahornsirup
¼ l Mandelmilch (siehe Seite 88)
frische Minze oder Zitronenmelisse

Alle Zutaten mit dem Pürierstab mixen. Mit Minzblatt oder Zitronenmelisse dekorieren und eisgekühlt servieren.

Papaya-Kokos-Mix

1 voll ausgereifte Papaya
2 EL Rohrzucker
3/8 l Kokosmilch (aus dem Asienladen
oder selbst hergestellt, siehe Seite 89)

Die Papaya der Länge nach halbieren und das Kerngehäuse mit einem Löffel auskratzen. Das Fruchtfleisch ausschaben. Mit Rohrzucker und Kokosmilch mixen und frisch servieren.

Melonen-Limetten-Drink

1/2 Galia- oder Honigmelone
1 Limette, ersatzweise Zitrone
2–4 EL Rohrzucker
1/4 l Milch
Limettenscheibe und Cocktailkirsche

Das Kerngehäuse der Melone ausschaben. Das Fruchtfleisch mit einem Löffel herausheben. Eine Limettenscheibe abschneiden, die übrige Limettenschale abreiben. Die Frucht auspressen. Melonenfleisch, abgeriebene Limettenschale und -saft mit den übrigen Zutaten mixen. Mit Limettenscheibe und roter Cocktailkirsche verzieren und eisgekühlt servieren.

Diät-Schmankerl – Genuß ohne Reue

Die Rezepte sind für 2–3 Personen gedacht.

Schneenockerl in Vanillesauce

Österreich

FÜR DIE NOCKERL:
3 Eiweiß
150 g Zucker

ZUM KOCHEN:
1 ½ l Wasser
½ TL Salz

FÜR DIE VANILLESAUCE:
6 EL süße Salz
2 EL Maisstärke
½ Vanilleschote
¼ l Milch
4 EL Zucker

Eiweiß mit der halben Zuckermenge aufschlagen, bis sich Ballen bilden. Restlichen Zucker langsam einrieseln lassen und zu steifem Schnee schlagen. Der Schnee muß schnittfest stehen!
Wasser aufkochen und am Siedepunkt halten. Löffel in kaltes Wasser tauchen, Nockerl aus dem Schnee stechen und in das siedende Wasser geben. Die Schneenockerl nach 1 Minute wenden. Kurz ziehen lassen und mit einem Schaumlöffel herausheben. Zum Abtropfen auf ein Küchengitter legen.

Sahne mit Maisstärke glattrühren. Vanilleschote aufschlitzen und das Mark herausschaben. Schote und Mark in die Milch geben, den Zucker einrühren, die Milch zum Kochen bringen. Mit Maisstärke binden. Die Vanillesauce durch ein Sieb streichen. Schneenockerl in Schälchen anrichten und mit Vanillesauce übergießen.

Apfelbeignets

Niederlande

wahlweise

$^{1}/_{8}$ l Milch
2 EL pflanzlicher Ei-Ersatz
oder 2 Eier
4 EL Buchweizenflocken
1 EL Maisstärke
1 TL Arrowroot (Pfeilwurzmehl)
1 TL Zucker
1 Prise Salz
3 Boskoop-Äpfel
1 EL Zitronensaft

ZUM AUSBACKEN:
ca. 200 g Butterschmalz

ZUM BESTREUEN:
Vanille-Puderzucker

Milch mit den übrigen Zutaten zu einem Teig verrühren. 10 Minuten quellen lassen. Äpfel schälen. Kerngehäuse mit einem Apfelbohrer ausstechen. Äpfel in ca. 1 cm dicke Ringe schneiden. Mit Zitronensaft beträufeln. Apfelringe durch den Teig ziehen und in heißem Fett goldbraun ausbacken. Mit Vanille-Puderzucker bestreuen.

Gebackene Bananen

Karibik

2 EL glutenfreie Cornflakes
2 EL Kokosraspel
2 EL Honig
1 Ei, schaumig geschlagen
2 mittelgroße Bananen

ZUM AUSBACKEN:
ca. 200 g Butterschmalz oder Öl

Cornflakes fein zerkleinern. Kokosraspel, Honig und Cornflakes mit dem Ei zu einem Brei vermischen. Bananen schälen und der Länge nach halbieren. Bananenhälften in der Eimischung wenden. In heißem Fett goldbraun ausbacken.

Kaiserschmarrn

Österreich

3 Eigelb
2 EL süße Sahne
2 EL Buchweizenmehl
2 EL Maisstärke
3 Eiweiß
3 EL Zucker
1 EL Butter
Vanille-Puderzucker

Eigelb und Sahne mit einem Schneebesen schaumig rühren. Buchweizenmehl und Maisstärke dazurühren. Eiweiß mit Zucker zu steifem Schnee schlagen. Schnee unter die Eigelbmasse heben. In einer Pfanne mit heißer Butter auf beiden Seiten goldbraun backen. In Stücke zerpflücken. Mit Vanille-Puderzucker bestreut servieren.

Palatschinken

Ungarn

Die Pa-la-tschin-ke ist ein hauchdünner süßer Pfannkuchen, der vorwiegend mit Aprikosenkonfitüre gefüllt wird. Von Schinken also keine Spur!
Die berühmte Spezialität stammt aus Ungarn und heißt dort im Original »Palascinta«. Daraus entstand das verhängnisvolle Wort Palatschinken, das nicht selten Situationskomik auslöst. Weil eine Portion »Palat-Schinken« erwartet wird.

$^{1}/_{8}$ l süße Sahne
2 Eier
2 EL Maismehl
2 EL Buchweizenmehl
1 TL Arrowroot (Pfeilwurzmehl)
1 TL Zucker
1 Prise Salz

Zum Ausbacken:
2–3 EL flüssige Butter

Für die Füllung:
ca. 6 EL Aprikosenkonfitüre

Zum Bestreuen:
Vanille-Puderzucker

Sahne mit den übrigen Zutaten verrühren. Teig ca. 10 Minuten quellen lassen. Öfters umrühren, denn das Maismehl setzt sich am Boden ab. Heiße Pfanne mit Butter bepinseln. Etwas Teig hineingießen, dabei die Pfanne kippen, damit der Teig dünn auseinanderfließt. Auf jeder Seite ca. 2 Minuten goldbraun backen. Mit Palette oder Kuchenspatel wenden. Nacheinander Palatschinken ausbacken und warm stellen. Dünn mit Aprikosenkonfitüre bestreichen und einrollen. Warm Servieren und mit Vanille-Puderzucker bestreuen.

Saure-Sahne-Waffeln

Deutschland

4 Eier
4 EL Zucker
8 EL Maismehl
4 EL Kartoffelstärke
2 TL »Biobin«-Johannisbrotkernmehl
150 g saure Sahne
$\frac{1}{2}$ TL Backpulver
1 TL Vanillezucker

FÜR DAS WAFFELEISEN:
ca. 4 EL flüssige Butter

ZUM BESTREUEN:
Vanille-Puderzucker

Alle Zutaten mit dem Schneebesen durchrühren. Den Teig ca. 20 Minuten ruhen lassen. Waffeleisen vorheizen. Beide Seiten mit Butter bepinseln. Teig eingießen und ca. 7 Minuten goldbraun backen. Waffeln mit Vanille-Puderzucker bestreuen und dazu Preiselbeeren servieren.

Tip: Waffeln lassen sich gut aufbacken. Warm serviert schmekken sie am besten.

Ananasscheiben im Kokosmantel

Venezuela

2 Eiweiß
5 EL Kokosmilch
6 EL Kokosraspel
1 EL Kartoffelmehl
1 TL Arrowroot (Pfeilwurzmehl)
4–6 Scheiben frische Ananas
(ersatzweise aus der Dose)

ZUM AUSBACKEN:
8 EL Butterschmalz oder Öl

ZUM GARNIEREN:
Papayafruchtfleisch, frisch oder aus der Dose
Zitronenmelisse
nach Belieben Ahornsirup oder Honig

Eiweiß mit Kokosmilch verschlagen. Kokosraspel, Kartoffelmehl und Arrowroot einrühren. Den Teig 5 Minuten quellen lassen. Eventuell mit etwas Kokosmilch verdünnen. Bei den frischen Ananasscheiben das holzige Mittelstück ausstechen. Die Scheiben im Kokosteig wenden. In heißem Fett auf beiden Seiten goldbraun ausbacken. Mit einigen Streifen Papaya-Fruchtfleisch und Zitronenmelisse garnieren. Nach Belieben mit Ahornsirup oder Honig süßen.

Profiteroles – Mini-Windbeutel

Frankreich

FÜR DEN BRANDTEIG:

$^{1}/_{8}$ l Wasser
30 g Butter
1 Prise Salz
40 g feingemahlenes Maismehl
30 g Maisstärke
3 g Arrowroot (Pfeilwurzmehl)
2–3 Eier
$^{1}/_{2}$ TL Backpulver

FÜR DIE FÜLLUNG:

2 Blatt Gelatine
250 g Schlagsahne
2 EL Zucker
1 TL Vanillezucker

ZUM BESTREUEN:

Puderzucker

In einem Stieltopf Wasser mit Butter und Salz zum Kochen bringen. Maismehl, -stärke und Arrowroot mischen. In das kochende Wasser schütten und so lange rühren, bis sich der Teig vom Topfboden löst. Mit einem Schneebesen nach und nach die Eier einrühren. Den Teig erkalten lassen. Das Backpulver in den Teig sieben und gut durchrühren. Niemals Backpulver in warmen Teig geben, sonst wird die Triebkraft bereits vor dem Backen freigesetzt. Backofen auf mindestens 220 °C vorheizen. Teig in einen Spritzbeutel mit gezackter Tülle füllen. Backblech mit Backpapier auslegen. Nußgroße Rosetten auf das Blech spritzen. Auf mittlerer Schiene ca. 15 Minuten heiß anbacken. Wichtig! Während der ersten 10–15 Minuten das Backrohr nicht öffnen, denn die Windbeutel würden so-

fort zusammenfallen. Die Backtemperatur reduzieren und ca. 8 Minuten goldbraun fertigbacken.
Gelatine in kaltem Wasser einweichen. Von den erkalteten Windbeuteln kleine Deckel abschneiden. Sahne mit Zukker und Vanillezucker steif schlagen. Gelatine im Wasserbad schmelzen und unter die Schlagsahne ziehen. Schlagsahne in einen Spritzbeutel mit glatter Tülle geben. Die Windbeutel füllen. Deckel aufsetzen und die Profiteroles kalt stellen. Vor dem Servieren mit Puderzucker bestreuen.

Varianten:

Schokoladen-Eclairs

Brandteig in 4 cm langen Zungen auf das Blech dressieren. Schlagsahne wie oben beschrieben vorbereiten. 80 g halbbittere Kuvertüre im Wasserbad schmelzen und unter die Schlagsahne ziehen. Brandteigzungen der Länge nach halbieren. Mit Schokosahne füllen. Oberteile aufsetzen und einen Hauch Kakaopulver daraufsieben. Gut gekühlt servieren.

Profiteroles mit Käsecreme

Brandteig in diversen Formen auf das Blech spritzen, z. B. kleine Ringe, Zungen, Herzen oder Rosetten. Vor dem Backen mit unterschiedlichem Dekor, z. B. Mohn, Kümmel, Sesam oder geriebenem Käse bestreuen. Ausbacken wie im Grundrezept beschrieben. Von den erkalteten Profiteroles Deckel abschneiden und mit Käsecreme füllen.

Käsecreme

120 g Butter
1 TL Salz
1 Prise Pfeffer
ca. 150 g feingeriebener Käse wie alter Gouda, Provolone, Cheddar oder Gruyère
150 g Schlagsahne
2 TL Sahnesteif

Zimmerwarme Butter mit Salz und Pfeffer cremig rühren. Geriebenen Käse dazurühren. Sahne steif schlagen und unter die Käsemasse heben. Käsecreme in einen Spritzbeutel mit glatter Tülle geben. Profiteroles füllen und bis zum Servieren kalt stellen.

Brandteig-Backerbsen

sind eine beliebte Suppeneinlage, die auf Vorrat hergestellt werden kann. Dafür Brandteig haselnußgroß auf das Backblech spritzen und knusprig braun backen. Im Backrohr nachtrocknen lassen.

Kuchen, Gebäck und Brot

Das Geheimnis für erfolgreiches Backen liegt im genauen Wiegen und Messen und in absoluter Sauberkeit. Beides ist beim Backen enorm wichtig. Ist ein Teig mit falsch oder schlampig gewogenen Zutaten gemischt, kann nachträglich nichts mehr korrigiert werden. Die erforderlichen Geräte und Zutaten in der Reihenfolge, wie sie gebraucht werden, bereitstellen. So wird keine Zutat vergessen und die Arbeit geht zügig von der Hand. Schüssel und Schneebesen, die für Eischnee verwendet werden, müssen völlig fettfrei sein. Das Eiweiß muß hundertprozentig sauber getrennt sein. Eiweiß, in dem Eigelb herumschwimmt, sollte besser für Rührei verwendet werden. Für die Rezepte empfehle ich Eier mit ca. 60 g Gewicht. Alle Rezepte in diesem Buch wurden mit Weinsteinbackpulver erprobt. Freilich darf auch normales Backpulver verwendet werden, aber es muß verträglich und glutenfrei sein.

Beim Backen geht nichts über die altbewährte Stäbchenprobe. Kuchen oder Brot sind richtig durchgebacken, wenn ein hineingestochenes Holzstäbchen beim Herausziehen trokken bleibt.

Pflanzliches Ei-Ersatz-Pulver gibt dem Kuchenteig mehr Volumen, wenn es vorher mit heißem Wasser angerührt wurde.

Haselnuß-Rührkuchen

wahlweise

150 g Butter
130 g Puderzucker
1 TL Vanillezucker
1 Prise Salz
60 g pflanzlicher Ei-Ersatz, mit ca.
6 EL heißem Wasser angerührt, oder 3 Eier
60 g Tofu, passiert
50 g Maismehl
50 g Kartoffelstärke
2 TL Arrowroot (Pfeilwurzmehl)
2 TL Backpulver
140 g gemahlene Haselnüsse
5 EL Sojamilch

FÜR DIE BACKFORM:

1 EL Butter
2 EL gemahlene Haselnüsse

Butter, Zucker, Vanillezucker und Salz schaumig rühren. Löffelweise den angerührten Ei-Ersatz und den Tofu dazurühren. Mehl, Stärke, Arrowroot zusammen mit Backpulver mischen und durchsieben. Mit den Haselnüssen unter die Buttermasse heben und Sojamilch in den Teig rühren. Eine Backform buttern und mit Haselnüssen ausstreuen. Den Teig hineingeben und an den Rändern hochstreichen. Das verhindert Buckelbildung beim Backen! Im vorgeheizten Backofen bei 180 bis 200 °C auf mittlerer Schiene 30–40 Minuten backen.

Mandel-Butterkuchen

150 g Butter
5 EL saure Sahne
160 g Rohrzucker
1 TL Vanillezucker
1 Prise Salz
5 Tropfen Bittermandelaroma
3 Eier oder 3 EL pflanzlicher Ei-Ersatz
150 g gemahlene Mandeln
100 g Maisstärke
50 g Reismehl
50 g Kartoffelmehl
1 TL Backpulver

Für die Backform:
1 EL Butter

Zum Aus- und Bestreuen:
8 EL gehobelte Mandeln
Puderzucker

Butter, Sahne, Zucker, Vanillezucker und Salz schaumig rühren. Nach und nach die Eier einrühren, die Mandeln zufügen. Stärke und Mehle mit Backpulver mischen. Auf die Buttermasse sieben und gut durchrühren. Backform fetten und mit gehobelten Mandeln ausstreuen. Teig einfüllen und an den Rändern hochstreichen. Mit gehobelten Mandeln bestreuen. Backtemperatur und -zeit wie bei Haselnußkuchen. Erkalteten Mandelkuchen mit Puderzucker bestreuen.

Englischer Teekuchen

Rezept ohne Backpulver!

170 g Butter
70 g Puderzucker
1 TL Vanillezucker
1 TL abgeriebene unbehandelte Zitronenschale
4 Eigelb
4 Eiweiß
70 g Zucker
70 g Maismehl
70 g Kartoffelmehl
60 g Maisstärke
5 g »Biobin«
100 g kleingeschnittene kandierte Früchte (Orangeat, Zitronat, rote Belegkirschen)
60 g grobgehackte Walnüsse
60 g Sultaninen

FÜR DIE BACKFORM:

1 EL Butter
2 EL Maismehl

Butter, Puderzucker, Vanillezucker und Zitronenschale schaumig rühren. Nach und nach die Eigelbe einrühren.
Eiweiß aufschlagen, bis sich Ballen bilden. Zucker langsam einrieseln lassen und zu steifem Schnee schlagen.
Mehle und Stärke mit Biobin mischen und durchsieben. Mit Früchten, Nüssen und Sultaninen vermischen.
Die Hälfte des Eischnees mit der Buttermasse glattrühren. Restlichen Schnee mit Mehlfrüchtemischung unterheben.
Eine Backform buttern und mit Maismehl ausstreuen. Den Teig einfüllen. Im vorgeheizten Backofen bei 180–200 °C auf mittlerer Schiene ca. 40 Minuten backen.

Zitronen-Sandkuchen

Rezept ohne Backpulver!

4 Eier
2 Eigelb
180 g Zucker
1 Prise Salz
120 g Butter
100 g Maismehl
50 g Kartoffelmehl
50 g Maisstärke
1 EL abgeriebene unbehandelte Zitronenschale
1 EL Zitronensaft
6 Tropfen Zitronenaroma

FÜR DIE BACKFORM:
1 EL Butter
2 EL Maismehl

Eier und Eigelbe mit Zucker in eine große feuerfeste Schüssel geben. Im siedenden Wasserbad so lange aufschlagen, bis die Masse sich richtig heiß anfühlt. Probe mit dem kleinen Finger! Eiermasse vom Feuer nehmen. Weiterschlagen, bis die Masse kalt und dickcremig wird. Butter im Wasserbad schmelzen und abkühlen lassen.
Mehle und Stärke mischen und in eine Schüssel sieben. Backform buttern und mit Maismehl ausstreuen. Backofen auf 200 °C vorheizen. Salz, Zitronenschale, -saft, und -aroma in die Eimasse rühren. Mehl unterheben. Flüssige Butter zügig unter den Teig ziehen. Die Butter darf nicht heiß sein! Den Teig in die Backform geben und glattstreichen. Im Backofen bei 200 °C auf mittlerer Schiene 25–30 Minuten backen. Den erkalteten Kuchen nach Belieben mit Puderzucker bestreuen oder mit Zitronenglasur überziehen.

Schnelle Zitronenglasur:

Ca. 150 g Puderzucker mit 1 Eiweiß, 1 EL Zitronensaft, 2 Tropfen Zitronenaroma und etwas Wasser glattrühren. Auf den Kuchen streichen und in der Restwärme des Backofens trocknen lassen.

Marmorguglhupf

200 g Butter
100 g Puderzucker
4 Eigelb
4 EL süße Sahne
1 TL Vanillezucker
1 Prise Salz
4 Eiweiß
100 g Zucker
120 g Maismehl
60 g Kartoffelmehl
60 g Maisstärke
6 g »Biobin«
1 TL Backpulver

FÜR DIE MARMORIERUNG:

1 EL Kakaopulver
1 EL Öl

FÜR DIE GUGLHUPFFORM:

1 EL Butter
3 EL gemahlene Mandeln

Butter mit Puderzucker schaumig rühren. Nach und nach Eigelbe und Sahne dazurühren. Salz und Vanillezucker zufügen. Eiweiß aufschlagen, bis sich Ballen bilden. Zucker langsam einrieseln lassen und zu steifem Schnee schlagen. Mehle, Stärke und Biobin mischen. Halbe Eischneemenge mit der Buttermasse glattrühren. Restlichen Schnee darunterziehen. Mehlmischung darübersieben und unter die Masse heben. Kakaopulver in einer Schüssel mit Öl glattrühren. Ein Drittel des Teigs mit Kakao verrühren.

Eine Guglhupfform rundum fetten, mit Mandeln ausstreuen. Auch der Zapfen innen muß mit Butter und Mandeln bedeckt sein! Abwechselnd hellen und dunklen Teig in die Form geben. Teig zum Rand hochstreichen. Im vorgeheizten Backofen bei 180–200 °C ca. 35–40 Minuten backen.

Variante:

Rosinenguglhupf

Ca. 100 g Sultaninen $^{1}/_{2}$ Stunde in Milch oder Rum einweichen, ausdrücken und in den Kuchenteig rühren.

Tip: 100 g halbbittere Schokolade in kleine Würfel schneiden, und in den Kuchenteig rühren. In einer Kastenform backen.

Linzeraugen – Mürbteiggebäck mit Aprikosenfüllung

250 g Butter
200 g Puderzucker
300 g Maismehl
100 g Maisstärke
100 g Kartoffelstärke
15 g Arrowroot (Pfeilwurzmehl)
1 TL Vanillezucker
½ TL Salz
1 Ei
1 Eiweiß
5 EL Wasser

FÜR DIE FÜLLUNG:
ca. 400 g Aprikosenkonfitüre

ZUM BESTREUEN:
Puderzucker

Butter in kleine Würfel schneiden. In eine Rührschüssel geben. Puderzucker darübersieben. Maismehl, Stärken und Arrowroot mischen und dazusieben. Restliche Zutaten zufügen und kneten, bis sich der Teig von der Schüsselwand löst. Teig mindestens 1 Stunde ruhen lassen.
Mehlmischung aus Maismehl und -stärke zum Ausrollen bereitstellen. Teig 4 mm dünn ausrollen. Mit rund gezacktem Keksausstecher Plätzchen von ca. 3 cm Ø ausstechen. Backpapier auf Backblech legen. Plätzchen daraufsetzen. Teigreste zusammenkneten, ausrollen und ausstechen, bis der Teig aufgebraucht ist. Die Hälfte der Plätzchen – Oberteile – mit einer glatten Tülle von 1,5 cm Ø als »Auge« ausstechen. Im Backofen bei 200 °C auf mittlerer Schiene hellbraun backen. Vorsicht! Die »Augen« werden schneller braun als die Unterteile. Aprikosenkonfitüre passieren und unter Rühren aufko-

chen. Jedes Unterteil mit Konfitüre bestreichen. Die Oberteile mit Puderzucker bestreuen. Auf die bestrichenen Unterteile setzen.
Linzeraugen entfalten ihr volles Aroma erst am nächsten Tag! In Keksdosen, mit Alufolie zwischen jeder Lage, sind Linzeraugen mehrere Wochen haltbar.

Varianten:

Kokoskekse

Mürbteig wie bei Linzeraugen-Rezept vorbereiten. 150 g Kokosraspel und 1 Eiweiß in den Teig kneten, zu ca. 2,5 cm dicken Rollen formen. Im Tiefkühler leicht anfrieren lassen. Dünne Scheiben abschneiden. Kekse auf Backblech setzen. Eigelb mit etwas Sahne verrühren. Kekse bepinseln und mit Kokosraspeln bestreuen. Goldbraun ausbacken.

Sesamkekse

Mürbteig wie bei Linzeraugen-Rezept beschrieben vorbereiten.
2 EL »Tahin« Sesammus in den Teig kneten. Teig zu Rollen formen. Im Tiefkühler leicht anfrieren lassen. Dünne Scheiben abschneiden, auf ein Backblech legen. Mit Ei bepinseln und mit weißen Sesamsamen bestreuen. Goldbraun ausbacken.

Mandelkekse

Mürbteig wie bei Linzeraugen-Rezept (siehe Seite 255) beschrieben vorbereiten.
100 g Rohmarzipan in den Teig kneten. Teig zu Rollen formen. Im Tiefkühler leicht anfrieren lassen. Dünne Scheiben abschneiden und auf ein Backblech legen. Kekse mit Ei bepinseln und mit gehobelten weißen Mandeln bestreuen. Goldbraun ausbacken.

Biskuitkrapfen

4 Eigelb
60 g Zucker
1 TL Vanillezucker
1 Prise Salz
6 Eiweiß
100 g Zucker
100 g Maismehl
60 g Kartoffelmehl
40 g Maisstärke

Eigelb, Zucker, Vanillezucker und Salz schaumig rühren. Mehle und Stärke mischen und in eine Schüssel sieben. Eiweiß mit halber Zuckermenge aufschlagen, bis sich Ballen bilden. Restlichen Zucker langsam einrieseln lassen und zu steifem Schnee schlagen. Die Hälfte des Schnees mit Eigelbmasse glattrühren. Den restlichen Eischnee mit Mehl unter die Eiermasse heben. Biskuitteig in einen Spritzbeutel füllen. Auf ein mit Backpapier ausgelegtes Backblech Bällchen von ca. 5 cm Ø spritzen. Im vorgeheizten Backofen bei 200 °C auf mittlerer Schiene goldbraun ausbacken.

Tip: Biskuit-Krapfen passen zu jeder Gelegenheit und können auf Vorrat eingefroren werden. So kommen Sie nie in Verlegenheit, wenn es mal schnell gehen muß.
Biskuit-Krapfen können auch als Boden für Obsttörtchen verwendet werden! Dafür die Unterseite nach oben in Papierförmchen setzen. Mit Konfitüre bestreichen, mit Früchten belegen und mit Gelee überziehen.

Ratschläge für erfolgreiches Brotbacken

Zum Teigbearbeiten Mehlmischung aus halb Maismehl und halb Maisstärke zurechtstellen. Klassische Brotgewürze wie Kümmel, Fenchel und Koriander verwenden. Die ätherischen Öle dieser Gewürze geben dem Brot einen angenehmen Duft und sind verdauungsfördernd.
Die glutenfreien Brotteige sehen anfangs viel zu fest aus. Warten Sie die Ruhezeit ab, ob Wasser oder gegebenenfalls Stärke oder Mehl dazugegeben werden müssen.
Hefeteig muß vor dem Backen an einem warmen Ort aufgehen. Erst wenn sich das Teigvolumen um ca. ein Drittel vergrößert hat, das Brot in den Ofen schieben. Vor dem Backen mehrmals mit einer Gabel einstechen. Dadurch wird sogenanntes »Hohlbacken« verhindert. Brot trocknet beim Backen nicht aus, wenn ein Schälchen mit Wasser im Backofen steht. Ob Brot fertiggebacken ist, zeigt ein hineingestochenes Holzstäbchen. Bleibt beim Herausziehen kein Teig am Stäbchen haften, ist das Brot durchgebacken. Profis machen die »Klopfprobe«. Klingt es hohl, kann das Brot aus dem Ofen genommen werden. Brot, das in einer Kastenform gebacken wurde, sofort nach dem Backen aus der Form stürzen, sonst beginnt es zu »schwitzen«. Die Rezepte wurden mit getrockneter und mit frischer Hefe erprobt. Mißglücktes Brot ist kein Malheur, denn es kann getrocknet zu Paniermehl verarbeitet

werden. Brot niemals am Stück einfrieren, da es beim Auftauen leicht auseinanderplatzt. In Scheiben geschnitten und portionsweise luftdicht verpackt kann Brot bis zu 3 Monaten im Tiefkühler bei –18 °C aufbewahrt werden.

Frisch getoastet schmeckt glutenfreies Brot noch mal so gut!

Maisbrot

wahlweise

½ l Milch oder Sojamilch
30 g Butter
2 TL Salz
2 TL Zucker
260 g Maismehl
220 g Maisstärke
60 g feiner Maisgrieß
15 g Arrowroot (Pfeilwurzmehl)
40 g Frischhefe

FÜR DIE KASTENFORM UND ZUM BESTREICHEN:
ca. 2 EL Butter

Milch mit Butter, Salz und Zucker zum Kochen bringen. Maismehl, -stärke und Arrowroot mischen, in eine Schüssel sieben und den Maisgrieß untermischen. Die halbe Mehlmischung in die kochende Milch quirlen und so lange rühren, bis sich der Teig vom Topfboden löst. Den Brühteig auf einem bemehlten Brett etwas abkühlen lassen. Lauwarm in eine Rührschüssel geben, die Hefe darüberbröseln. Restliche Mehlmischung zufügen. Den Teig kneten, bis er sich von der Schüsselwand löst. Zudecken und 5 Minuten aufgehen lassen. Eine Kastenform mit Butter fetten. Backofen auf 220 °C vorheizen. Teig kurz durchkneten. Arbeitsfläche mit Mehlmischung bestreuen. Den Teig zu einer Rolle formen, in die Kastenform geben. Maisbrot mit etwas flüssiger Butter bestreichen. Das Brot aufgehen lassen, bis es sich um ein Drittel vergrößert hat. Im Backofen auf mittlerer Schiene 40–50 Minuten goldbraun backen.

Varianten:

Süßes Maisbrot mit Früchten

1 Tasse kleingeschnittene Trockenfrüchte (Aprikosen, Birnen und Äpfel) und 2 EL Honig in den Teig kneten. Einen Wekken formen. Backpapier auf Backblech legen. Brot mit flüssiger Butter bestreichen. Backen wie Maisbrot.

Maisbrot mit Hirse

1 Tasse Hirseflocken und 1 TL Fenchelsamen unter den Teig kneten. Brotlaib oder -wecken formen. Ei mit etwas Milch und Salz verschlagen. Brot bestreichen und mit Hirseflocken bestreuen.

Weißbrot

½ l Wasser
30 g Butter
2 TL Salz
2 TL Zucker
200 g Maisstärke
150 g Reismehl
150 g Kartoffelmehl
50 g feingemahlenes Hirsemehl
50 g Trockenmilchpulver
12 g Arrowroot (Pfeilwurzmehl)
40 g Hefe

ZUM BESTREICHEN:
1 Ei

Die Teigzubereitung ist bei allen Brotrezepten gleich – siehe Grundrezept Maisbrot.

Den Weißbrotteig auf bemehlter Arbeitsfläche zu einem Wekken formen. Backpapier auf Backblech legen. Ei mit etwas Wasser und 1 Prise Salz verschlagen. Das Brot rundum damit einpinseln. Backofen auf 220 °C vorheizen. Brot auf mittlerer Schiene ca. 45 Minuten goldbraun backen.

Varianten:

Mohnbrötchen

Weißbrotteig zu einer Rolle formen und in gleich große Teile schneiden. Teigbällchen formen, auf ein Backblech legen. Mit Ei bestreichen und mit Mohnsamen bestreuen. Bei 220 °C auf mittlerer Schiene goldbraun backen.

Rosinenstollen

Weißbrotteig mit 3 EL Zucker, 1 EL abgeriebener unbehandelter Zitronenschale und 200 g Rosinen verkneten. In gebutterter Kastenform auf mittlerer Schiene bei 220 °C ca. 50 Minuten goldbraun backen.

Buttertoast

Toastbrotform und Deckel mit weicher Butter dick fetten. Weißbrotteig mit einem Löffel Butter verkneten. In verschlossener Kastenform auf mittlerer Schiene bei 220 °C ca. 50 Minuten backen.

Bauernbrot – Helles Mischbrot

½ l Sojamilch
40 g Butter
2 TL Salz
2 TL Zucker
200 g Maisstärke
100 g Buchweizenmehl
100 g Reismehl
50 g Kartoffelmehl
50 g Kartoffelpüreepulver
20 g »Biobin«
40 g Hefe
1 EL Fenchelsamen
1 TL Kümmel, ganz
1 TL Kümmel, gemahlen

ZUM BESTREICHEN:
2 EL Butter

Teigzubereitung nach Maisbrotrezept (siehe Seite 259). Gewürze in den Teig kneten, Laib formen und mit flüssiger Butter bepinseln. Mit Kümmel und mit Fenchel bestreuen. Im Backofen auf mittlerer Schiene bei 220 °C in ca. 45 Minuten knusprig braun backen.

Variante:

Zwiebelbrot

Ein Päckchen Röstzwiebeln und eine kräftige Prise Pfeffer unter den Teig kneten. Bearbeiten und backen wie bei Rezept Bauernbrot bzw. Maisbrot (siehe Seite 259) beschrieben.

Mehrkornbrot

½ l Wasser
20 g Butter
2 TL Salz
2 TL Zucker
300 g Buchweizenflocken
100 g Maisstärke
100 g Kartoffelmehl
50 g Reismehl
15 g »Biobin«
40 g Hefe
50 g Sonnenblumenkerne
50 g grobgehackte Cashewkerne
50 g Sesamsamen

ZUM BESTREICHEN:
1 Ei, mit etwas Wasser verrührt

ZUM BESTREUEN:
1 EL weiße Sesamsamen

Teig nach Grundrezept Maisbrot (siehe Seite 259) zubereiten. Den Teig mit Kernen und Sesam verkneten. Mit Ei bestreichen und mit weißen Sesamsamen bestreuen. Im Backofen auf mittlerer Schiene bei 220°C ca. 45 Minuten knusprig braun backen.

Tip: Verwenden Sie Kerne und Nüsse nach Belieben, z. B. geröstete Haselnußkerne, Walnüsse, Leinsamen oder Kürbiskerne.

Amaranth-Fladenbrot

3/8 l Milch
30 g Butter
1 TL Salz
1 TL Zucker
150 g Maisstärke
150 g Reismehl
100 g Kartoffelstärke
20 g Sojamehl
10 g »Biobin«
10 g pflanzlicher Ei-Ersatz
40 g Hefe
100 g Amaranthkörner, im Wasserbad weich gekocht

ZUM BESTREICHEN:
1 Ei

Brotteig nach Grundrezept (siehe Seite 259) herstellen. Zuletzt Amaranth in den Teig kneten. Fladenbrote formen. Ei mit Wasser verschlagen. Brote damit bestreichen. Im Backofen auf mittlerer Schiene bei 220 °C goldbraun backen.

Tip: Amaranth-Fladenbrote vor dem Backen mit Sonnenblumenkernen bestreuen.

Tapioka-Reis-Brot

Ein feines glutenfreies Weißbrot für höchste Ansprüche!

55 g Hefe
2 TL Zucker
2 TL Essig
5 EL lauwarmes Wasser
50 g Butter
2 Eier
1 Eiweiß
$\frac{1}{8}$ *l Wasser*
250 g Reismehl
150 g Klebreismehl (aus dem Asienladen)
300 g Tapiokamehl
80 g Trockenmilchpulver
10 g »Biobin«-Johannisbrotkernmehl
2 TL Salz

Zum Verarbeiten:
etwas Reis- und Tapiokamehl

falls Kastenbrot gebacken wird:
etwas flüssige Butter zum Ausstreichen der Form

Hefe, Zucker und Essig mit lauwarmem Wasser glattrühren und warm stellen. Butter schmelzen und abkühlen lassen. Eier, Eiweiß und Wasser in die flüssige Butter rühren.
Reismehle, Tapiokamehl, Trockenmilchpulver, Biobin und Salz in einer Rührschüssel vermischen. Den Hefeansatz und die Butter-Eier-Masse dazugeben. Ca. 7 Minuten auf höchster Stufe kneten, bis sich der Teig von der Schüsselwand löst. Eventuell etwas lauwarmes Wasser nachgießen! Der Teig muß eine elastische Konsistenz aufweisen und darf nicht zu weich sein. Den Teig an einem warmen Ort aufgehen lassen, bis sich

sein Volumen um die Hälfte verdoppelt hat. Erneut 7 Minuten kneten und den Teig kurz ruhen lassen.
Arbeitsfläche mit einer Mischung aus Reis- und Tapiokamehl bestreuen. Den Teig in gleich große Hälften teilen. Eine Teighälfte zu einem Wecken formen und aus dem restlichen Teig handliche Brötchen formen. Auf ein mit Backpapier belegtes Backblech legen. Das restliche Eigelb mit etwas Milch und einer Prise Salz verrühren. Die Teigstücke damit bepinseln. Warm stellen und aufgehen lassen, bis sich die Stücke um die Hälfte vergrößert haben.
Im vorgeheizten Backofen bei 220–230 °C goldbraun backen. Kleine Brötchen benötigen ca. 20 Minuten, Brotwecken ca. 35 Minuten Backzeit.
Wird der Teig in einer Form zu einem großen Kastenbrot gebacken, muß die Backzeit um 10–15 Minuten verlängert werden.

Tip: Echtes, aus Thailand importiertes Reis-, Klebreis- und Tapiokamehl kaufen Sie am besten in Asienläden oder direkt bei LIM & Co. GmbH, 40235 Düsseldorf.

Varianten:

Tapioka-Butter-Toastbrot

Den Teig nach Grundrezept herstellen. Vor dem zweiten Knetgang zusätzlich 50 g weiche Butter in den Teig kneten. Eine Toastbrotform mit Deckel großzügig mit weicher Butter einfetten. Kastenform verschließen und 20 Minuten warm stellen.
Ca. 30 Minuten im vorgeheizten Backofen bei 230 °C backen.

Tip: Toastbrot möglichst hell ausbacken. Die knusprige Bräune bekommt das Brot erst im Toaster.

Simit – Türkische Sesamringe

Den Teig nach Grundrezept Tapioka-Reis-Brot (siehe Seite 266) herstellen, in drei oder vier Stücke teilen. Die Teigstücke zu daumendicken Strängen formen. Die Teigstränge in etwa 12 cm lange Stücke schneiden und daraus Ringe bilden. Die »Teignaht« fest zusammendrücken, damit sich die Ringe beim Backen nicht öffnen. Ein Ei mit etwas Wasser und Salz verrühren. Die Teigringe damit bepinseln. Mit ca. 200 g weißen Sesamsamen dicht bestreuen. Zudecken und warm stellen, bis sich die Ringe um die Hälfte vergrößert haben. Im vorgeheizten Backofen bei ca. 220 °C knusprig goldbraun ausbacken.

Tapioka-Mandelschnecken mit Honig

Den Teig nach Grundrezept (siehe Seite 266) herstellen. Arbeitsfläche großzügig mit einer Mehlmischung aus Reis- und Tapiokamehl bestreuen. Den Teig etwa 5 mm dick zu einem Rechteck ausrollen. Mit ca. 150 g weicher Butter dünn bestreichen. Auf die Butterschicht ca. 200 g Honig träufeln. Mit ca. 250 g feingeriebenen Mandeln und etwas Vanillezucker bestreuen. Das Teigrechteck zu einem Strang einrollen. Den gefüllten Teigstrang in ca. fingerdicke Stücke schneiden. Die Teigschnecken auf ein mit Backpapier belegtes Backblech legen. Die Mandelschnecken sanft flachdrücken.
Zudecken und an einem warmen Ort etwa 20 Minuten aufgehen lassen. Im vorgeheizten Backofen bei 220 °C 20–25 Minuten knusprig braun backen. Nach dem Backen mit etwa Vanille- oder Zimt-Puderzucker bestreuen.

Wie mache ich mich im Ausland verständlich?

Übersetzungen für die Urlaubszeit

Die folgenden Texte wurden mit freundlicher Genehmigung der DZG aus der Broschüre »DZG Aktuell« übernommen.

Der deutsche Text der Übersetzungen lautet:

Ich darf aus medizinischen Gründen keine Produkte aus Weizen, Roggen, Gerste oder Hafer essen, also auch nichts Paniertes oder Mehl-Gebundenes. Mais, Reis, Kartoffeln, Gemüse, Fleisch usw. sind erlaubt, auch Suppen und Saucen, die mit Speisestärke oder Kartoffelmehl gebunden sind.

Englisch:

For medical reasons I am not allowed to eat any products made of wheat, rye, barley or oat and nothing breaded or thickened with flour. I may eat corn, rice, potatoes, vegetables, meat etc. as well as soups and gravies thickened with starch or potato flour.

Französisch:

Pour des raisons médicales il m'est interdit de manger des produits contenant du froment, du seigle, de l'orge ou de l'avoine, donc également ce qui est pané ou lié avec de la farine. Le mais, le riz, les pommes de terre, les légumes, les viandes, etc. me sont permis ainsi que les soupes et les sauces qui sont liées avec de l'amidon (de mais) ou de la fécule de pommes de terre.

Italienisch:

Per ragioni medicali mi é vietato di mangiare prodotti fatti di grano, di segale, d'orzo o d'avena dunque niente che sia preparato con farina o panato. – Sono permessi mais, riso, patate, legumi, carne etc. e anche minestre e salse legati al amido.

Spanisch:

Por orden médica me está prohibido ingerir alimentos que deriven de: trigo, avena, cebada y centeno por lo tanto nada que sea apanado o espesado con harina. – Maiz, arroz, patatas, verduras, carne etc. estan permitidos en mi dieta, asi también sopas y salsas espesadas con maicena o harina de patatas.

Holländisch:

Ik mag uit gezondsheidsgronden geen produkten uit tarwe rogge, gerste en haver eten, dus ook niet gepaneerd of met meel gebonden. Mais, reis, aardappels, groente en vlees enz. zijn veroorloofd, ook soepen en jus, die met bloem of aardappelmeel gebonden zijn.

Ungarisch:

Nekem egészeségügyi okokból nem szabad ételket, amelyek buzát, rozsot, árpát vagy zabot tartalmaznak ennem. Tehat semmi panirozottat, vagy lisztel kótóttet. Kukoricát, rizset, burgonyát, fózeléket, hust, tojást, cukrot, stb. ehetek ugymint leveseket es szoszokat, amelyek ételkeményitóvel vagy burgonyalisztel vannak kótve.

Serbokroatisch:

Meni iz medicinskih razloga nije dozvoljeno da konzumiram jela zgotovljena od pšenice, raži, ječma ili ovsa (zobi), znači takodje ništa pohovano ili zaprženo brašnom. Smem da jedem kukuruz, rižu, krompir, povrče, meso, jaja, šečer, a takodje supe i sosove zapržene skrobom za jelo ili krompirovim, brašnom.

Dänisch:

Jeg må af medicinske årsager ikke spise produkter af hvede, rug, korn eller havre, og ej heller mad, som er paneret eller tilberedt med mel. Derimod er majs, ris, kartofler, grøntsager, kød, æg, sukker osv. tilladt, også supper och sovse, som er tilberedt med stivelse eller kartoffelmel.

Quellennachweis

Verbraucherdienst Informationsbroschüren des
aid – Auswertungs- und Informationsdienst für Ernährung, Landwirtschaft und Forsten e. V., Konstantinstraße 124, 53179 Bonn, 1966

aid – *Kennwort Lebensmittel*
Ein Handbuch für den täglichen Einkauf, Herausgegeben vom Auswertungs- und Informationsdienst für Ernährung, Landwirtschaft und Forsten (aid) e. V., 53179 Bonn, und der Bundeszentrale für gesundheitliche Aufklärung mit Förderung durch den Bundesminister für Ernährung, Landwirtschaft und Forsten und den Bundesminister für Jugend, Familie, Frauen und Gesundheit, I. Auflage 1990.

Einkaufstips für Allergiker, Verfasserin: Gisela Nickel, Herausgeberin: Umweltberatungsstelle Berlin e. V., Kerstin Murr, Nickel & Nickel, Berlin 1991

Werning, Seitz: *Taschenbuch der Inneren Medizin,* Ein Kompendium für Ärzte und Studenten, 9., neu verfaßte Auflage, von Prof. Dr. med. Claus Werning, Wissenschaftliche Verlagsgesellschaft mbH, Stuttgart 1983

Angeborene Stoffwechselstörungen, Malabsorbtions-Syndrom, Porphyrie
Verhandlungen der Deutschen Gesellschaft für Verdauungs- und Stoffwechselkrankheiten, XXI. Tagung in Hamburg 1961, Prof. Dr. G. A. Martini, S. Karger Verlag, Basel – New York 1962

Therapie innerer Krankheiten, herausgegeben von G. Riecker gemeinsam mit E. Buchborn, mit Beiträgen von K. F. Albrecht … 6., überarbeitete Auflage, New York; London; Paris; Tokyo; Springer Verlag, Berlin-Heidelberg 1988

Zöliakie/Sprue – DZG medizin
Die Zöliakie, Hinrich Karsten Harms,
Sprue – Zöliakie des Erwachsenen, W. F. Caspary,
Deutsche Zöliakiegesellschaft, Stuttgart 1991

Information Bundesarbeitsgemeinschaft für Behinderte
Zöliakie – Kommunikation zwischen Partnern, Karsten Harms, Gerhard Pott, herausgegeben von der Bundesarbeitsgemeinschaft Hilfe für Behinderte e.V., Düsseldorf 1988

Rezidivierende Abdominalkoliken bei Glutenintoleranz – Differentialdiagnostische Aspekte, Aufsatz: Prof. Dr. H. Heidrich, Dr. G. Herman, Franziskus-Krhs., Berlin 1991

Weiterführende Literatur

Dr. Monika Majerski-Pahlen, Dr. Ronald Pahlen:
Mein Recht als Schwerbehinderter
Beck-Rechtsberater im dtv, 3. Auflage, München 1991

Thilo Lang:
Hilfe durch Selbsthilfe: Behinderte
Organisationen-Berichte-Informationen-Adressen
Knaur, München 1990

Prof. Dr. med. Stefan Müller-Lissner:
Darmerkrankungen – Ursachen, Beschwerden, Behandlung
Wort & Bild Verlag, Baierbrunn, 3. Auflage, 1995

Franzis Graf-Sittler:
Vollwertige Glutenfreie Ernährung –
Rezepte für die ganze Familie
Schnitzer-Verlag, St. Georgen, 2. Auflage, 1993

Bette Hagman:
The Glutenfree Gourmet – Living Well Without Wheat
Henry Holt and Company, Inc., New York 1990

Jax Peters Lowell:
Against The Grain
Henry Holt and Company, Inc., New York 1995

Bettina von Hasselt, Prof. Dr. med. D. Sailer:
Richtig essen bei Erkrankungen von Magen und Darm
Gräfe und Unzer Verlag, München 1993

Hubert Forberger, Prof. Dr. med. W. Caspary
Zöliakie/Sprue – Glutenfreie Ernährung für Kinder
und Erwachsene
Gräfe und Unzer Verlag, München 1995

Ute Rabe:
Das Kochbuch für Eiweißallergiker –
Vollwertige Rezepte ohne Gluten, Milch- und Hühnereiweiß
Heyne Verlag, München 1995

Adressen von Selbsthilfeorganisationen

Deutschland:

Deutsche Zöliakie-Gesellschaft e. V. – DZG
Gemeinnütziger Verein
Filderhauptstraße 61
D-70599 Stuttgart
Tel.: 0711/45 45 14

CED-Hilfe e. V.
Hilfe für chronisch-entzündliche Darmerkrankungen
Fuhlsbüttler Straße 401
D-22309 Hamburg
Tel.: 040/632 37 40

Deutsche Morbus-Crohn und Colitis-ulcerosa-Vereinigung (DCCV) e. V.
Paracelsusstraße 15
51375 Leverkusen
Tel.: 0214/759 57

Deutscher Neurodermitiker-Bund e. V.
Spaldingstr. 210
20097 Hamburg
Tel.: 040/230810

Österreich:

Österreichische Arbeitsgemeinschaft Zöliakie
Anton-Baumgartner-Straße 44/C5/2302
A-1230 Wien
Tel.: 022/667 18 87

ÖMCCV
Obere Augartenstraße 26–28
A-1020 Wien
Tel.: 02 22/3 33 06 33

Schweiz:

Schweizerische Interessensgemeinschaft für Zöliakie
Reichensteinerstraße 15
CH-4053 Basel
Tel.: 061/271 62 17

SMCCV
Postfach
CH-5001 Aarau
Tel.: 0 62/8 24 87 07

Bezugsquellen für glutenfreie Produkte

Deutschland:

Glutenfreie Fertigmehle, Nudeln und Backwaren:
HAMMERMÜHLE
Postfach 1164
67485 Maikammer-Kirrweiler
Tel.: 06321/95890

Glutenfreie Mehlmischungen und Backwaren:
POENSGEN – Diätbäckerei
Dreiersgärten 28
52249 Eschweiler
Tel.: 02403/20015-16

Glutenfreie Fertigmehle und Müsli:
WIECHERT – Gesundkost
Rathausstr. 12v
20095 Hamburg
Tel.: 040/335087–88

Schweiz:

Glutenfreies Mehl, Nudeln, Backwaren:
RIESAL
Kreuzmühle
CH-6314 Unterägerli
Tel.: CH-42/722472

Österreich:

Glutenfreie Mehle:
Mantler-Mühle
Rosenburg Kom. Ges.
A-3573 Rosenburg
Tel.: 02982/2901-0
Fax: 02982-2901-30

Glutenfreie Backwaren:
Hofbäckerei Edegger-Tax
Hofgasse 6
A-8010 Graz
Tel.: 0316/830230
Fax: 0316/820230

Wiener diätische Bäckerei
Maderna-Grimm
Kurrentgasse 10
A-1010 Wien
Tel.: 0222/533 13 84
Fax: 0222/533 13 84 20

Register nach Sachgruppen

Schnelle kleine Mahlzeiten

Aus Waffeleisen und Toaster

Geflügel – exotisch und bunt

Frisch durch Fisch

Fleischgerichte vom Kalb, Rind, Lamm und Schwein

Spezialitäten aus der »Grünen Küche«

Nudeln, Spätzle, Polenta, Knödel, Kroketten, Tortillas und Pizzaböden

Alphabetisches Rezeptverzeichnis

T

U

V

W

Z